객실승무원의 이미지메이킹

IMAGE MAKING FOR CABIN CREW

| 문희정 김민경 정보라 공저 |

양 성 원

서문

객실승무원의 꿈을 가지고 대학에 입학한 학생들과 첫 수업에서 꼭 하는 질문이 있습니다.

"왜 승무원이 되고 싶나요?"

이 질문에 대답하는 학생들은 동그란 눈으로 신중히 대답을 합니다.

"고등학교 선생님이 추천해 주셔서요.", "여행을 많이 하고 싶어서요.", "너무 멋있어서요."

저 역시 어떤 이유에서인지는 모르겠지만, 객실승무원이 우주의 끌림처럼 마냥 좋았고, 아직까지도 객실승무원으로 근무했던 그 순간들을 제 인생에서 가장 멋진 순간들이었다고 기억합니다.

입사 후, 많은 동기들과 교육을 받으면서 그녀들의 세련됨에 비해 부족한 제 사진을 바라보며 '나는 성격이 좋자나?'라고 힘을 냈던 시절이 있습니다.

시간이 흘러 그때의 순수함과 열정을 그대로 닮은 학생들과 함께 수업을 하면서, 인사하는 방법, 머리하는 방법, 유니폼을 입는 법 등 기본적인 표현 방법들이 학생들에게 생소하고 어렵기만 하다는 것을 느끼게 됩니다. 서툰 손짓으로 매 수업시간마다 정갈히 자신을 다듬어 내기 위해 노력하는 학생들을 보면서 어떻게 하면 보다 쉽게 이해하고 적용할 수 있는 수업을 할지 늘 고민을 했습니다.

온라인 속에서 다양한 콘텐츠를 쉽게 접할 수 있고, 글보다는 영상이 익숙한 우리의 제자들에게 보다 쉽게 따라할 수 있는 실질적인 교재를 만들어 보겠다고 다짐을 하고 본 교재를 작성해 나갔습니다.

대학의 많은 교재들은 다양한 직업군에게 공통적으로 요구되는 이미지 메이킹과 매너를 한 권에 담고 있는 내용이 일반적입니다. 많은 고심 끝에 객실승무원이 되고자 하는 학생들을 위한 이미지 메이킹의 필수적인 사항을 사진과 예시로 담아 누구나 쉽게 표현해 볼 수 있도록 구성해 보았습니다.

본 교재는 PART 4로 구성하였습니다. PART 1에서는 객실승무원의 이미지 메이킹의 본질을 이해할 수 있는 Mind up, PART 2에서는 외적인 부분을 보다 세련되고 정중하게 표현할 수 있는 Appearance, PART 3에서는 승객과 소통 시에 필요한 Communication, PART 4에서는 객실승무원이 되기 위한 필수적인 과정인 Interview 시에 필요한 이미지 메이킹 방법으로 구성하였습니다.

각 PART마다 자가진단과 체크리스트를 통해 자신을 면밀히 들여다보고, 어떻게 자신을 메이킹 해야 하는지 학생들의 실제적인 사진과 예시를 통해 직접 표현할 수 있는 가이드를 제시하였으며, 온라인 수업과 오프라인 수업 시 적절히 활용할 수 있도록 최대한 자세히 기술하였습니다.

본 교재를 통하여 객실승무원을 준비하는 학생들이 성공적인 이미지 메이킹을 위해 올바른 마인드를 확립하고, 자신을 효과적으로 표현해 나갈 수 있는 지침서가 될 수 있기를 바랍니다.

교재의 완성도를 위해 끊임없는 요청사항을 모두 반영해 주시고, 교재의 출간을 위해 노력해 주신 모든 관계자분들께 감사의 말씀을 드립니다.

또한, 교재의 출간을 위해 아낌없는 조언을 해 주신 동료 교수님과 언제나 힘이 되어 주는 사랑하는 가족들에게도 감사의 말씀을 드립니다.

2021년 6월

저자 일동

차례

PART 3

이미지 메이킹의 완성, Communication

PART 4

이미지 메이킹 심화, Interview

PART

I

이미지 메이킹의 시작, Mind up

Chapter 01

이미지 메이킹의 이해

1) 이미지 메이킹의 정의

이미지(image)의 어원은 라틴어 'imitari', 즉 '흉내 내다'라는 명사형의 어미에 '–ago'를 붙힌 'iamgo'이다. 'imago'의 사전적인 의미로는 형태나 모양, 느낌, 영상이나 관념 등을 뜻한다. 일반적으로 이미지라 하면 어떤 대상에 대하여 사람들이 가지고 있는 신념이나 생각, 인상의 집합을 의미한다. 이름, 사람 혹은 사물에 대하여 주관적으로 가지고 있는 생각으로 개개인이 모두 다를 수도 있다.

이렇게 눈을 감고 어떠한 대상을 생각했을 때, 떠오는 상을 우리는 이미지라고 표현할 수 있고, 이는 평소 대상에 대해 시각, 청각, 후각, 촉각, 미각의 다섯 가지 감각기관을 통해 경험하였던 인상의 개인적인 총합을 이미지라고 정의할 수 있다.

이미지는 대상을 경험하고 생각하는 타인에 의해서 형성되어지기 때문에 때로는 본질과 다르게 나타날 때가 있다. 이는 어떠한 이미지를 더 많이 노출시키고, 경험하게 하느냐에 따라서 상대에게 받아들여지는 부분이 다르기 때문이다.

예를 들어, 개그맨들은 직업군의 특징에 따라 타인에게 즐거움을 주기 위한 많은 모습들을 연출한다. 행동이나, 표정, 말투 등 여러 부분에서 시청자들에게 와닿기 위해 많은 노력을 한다. 지속적으로 이와 같은 모습을 경험한 시청자들은 자신만의 경험을 통해 개그맨의 이미지가 정착되는 것이다.

사실을 전하는 아나운서들은 뉴스를 신뢰할 수 있는 이미지로 전하기 위해 많은 노력들을 하고 있다. 헤어스타일, 표정, 행동, 말, 톤 등 많은 부분에서 시청하는 사람들에게 신뢰감을 전달할 수 있도록 노력을 하고 있다.

정치 후보자들은 좋은 이미지를 만들어 가기 위해서 삶을 세심하게 다듬고 가꾸어 나가고 있다. 좋은 이미지는 하루 아침에 만들어지지도 않을 뿐더러 형성된 이미지는 바뀌기 힘들기 때문이다. 유권자들에게 좋은 이미지로 다가서기 위해서 기본적으로 긍정적인 이미지를 강화하고, 부정적인 이미지는 계속해서 축소하고 통제, 완화하기 위해 노력하고 있다.

개그맨은 시청자들에게 즐거움을 주기 위해, 아나운서들은 신뢰감을 주기 위해, 정치인들은 바른 정치를 위한 올바른 이미지 형성 위해 자신의 이미지를 끊임없이 관리하고 노력한다. 이러한 것을 우리는 이미지를 메이킹 한다. 즉, 이미지 메이킹(Image making)이라고 한다.

이미지 메이킹이란 그대로 번역하면 이미지를 만들어 낸다는 의미이지만, 이는 자신이 원하는 방향이 설정되어야만 하고, 이미지 메이킹을 통해 자신이 원하는 목표를 이루어 내기 위해 이미지를 총체적으로 관리하는 것을 의미한다.

이미지 그리기 3단계

1단계 대상을 정한다.

눈을 감고 고등학교 혹은 중학교 때 내가 가장 좋아했던 선생님이나 친구를 떠올려 보자.

2단계 대상을 떠올렸을 때 가장 먼저 떠오르는 모습을 아래의 표에 그린다.

감았던 눈을 뜨고 떠올렸던 대상의 키, 헤어스타일, 자세, 표정 등 가장 강하게 떠오르는 것을 중심으로 아래의 표에 그려 보자.

3단계 실제와 가깝지 않더라도 완성해 본다.

정확한 그림을 그리는 것이 아니기 때문에 너무 완벽하게 완성하려고 노력하지 말자. 가장 크게 기억 속에 남아 있는 것을 중심으로 그리자.

대상의 이미지 그리기

대상	대상에 대한 이미지 그리기

2) 관계 속 이미지 메이킹

'조하리의 창(Jo & Hari's Windows)'의 이론에서 우리는 4가지의 창(Windows) 속에서 세상을 살아가고 있다고 하였다. 조하리의 창은 1950년대 미국 심리학자인 조셉 루프트(Joseph Luft)와 해리 잉햄(Harry Ingham)이 정리한 심리학의 이론으로 사람들은 나도 알고 타인도 아는 열린 창(Open area), 나는 모르지만 타인은 아는 보이지 않는 창(Blind Area), 나는 알지만 타인이 모르는 숨겨진 창(Hidden area), 나도 모르고 타인도 모르는 미지의 창(Unknown area) 속에서 세상을 바라보고 타인과 관계를 맺고 살고 있다고 하였다.

▲ 조하리의 창

열린 창(Open area) 속에서는 나도 나를 잘 알고 있으며, 타인도 나에 대해서 잘 파악하고 있기 때문에 편안함 속에서 대화하며 관계를 맺을 수 있다. 나를 잘 이해해 주는 가정이 가장 대표적이다. 밖에서 속이 상한 일이 있어서 나를 반겨 주는 어머니께 화를 내고 들어온 일이 한번쯤은 있을 것이다. 우리의 어머니들은 그 행동으로 인해서 간혹 오해하기도 하지만, 마음 한 구석에서는 '오늘 무슨 일이 있었을까?' 오히려 걱정을 하시는 부분이 크다. 열린 창(Open area) 속에서는 내가 보여 주는 외적인 부분, 언어적인 부분으로 인한 오해의 빈도가 가장 낮으며 서로의 이해의 폭이 가장 크다. 그러나 우리가 경험하는 사회는 열린 창의 공간만은 될 수 없다.

보이지 않는 창(Blind Area)은 나 자신은 모르는데 타인은 나를 아는 창으로 숨겨져 있는 창이라고 하겠다. 면접을 준비하기 위해 코칭을 받게 된다면 선생님을 통해서 나의 보이지 않는 면을 발견하게 될 것이다. 이 창 속에서는 나는 몰랐지만, 타인으로 인해 나의 새로운 모습을 알게 된다. 내가 아는 나의 모습들이 전부가 아닌 것처럼 타인에 의한 내 모습 또한 파악해 볼 필요가 있다.

숨겨진 창(Hidden area)은 나는 알고 있는데 타인은 모르는 창이다. 이는 의도적으로 나의 모습들을 숨겨서 타인이 모르게 하는 노력이 숨겨져 있는 창이다. 새로운 친구들을 만나는 공간에서 평소의 나의 모습을 숨긴 채 잘 보이기 위해 노력하는 그 순간이 될 수도 있다. 이 공간을 우리는 의도, 즉 Mask를 쓰고 행동한다고 하여 Mask의 창이라도 한다.

마지막으로 미지의 창은(Unknown area) 나도 모르고 타인도 잘 모르는 잠재된 영역이라고 불리며 사람들은 이러한 영역의 발전을 위해 많은 노력을 해야 한다.

사회인이 된다는 것은 나를 편안하게 여겨 주는 친구와 부모님의 관계를 벗어나서 내가 속한 곳의 공통의 목표를 추구하는 공동체 안에서 각각의 역할을 수행하게 된다는 것을 의미한다. 우리가 객실승무원이 된다면, 같이 근무하는 동료, 선배라는 관계가 형성되고, 고객에게는 편안하고 안전한 비행을 위해 믿음을 줄 수 있는 승무원과 고객이라는 관계가 형성된다. 이렇게 새롭게 형성되는 관계 안에서 우리는 부모님의 사랑스러운 아들, 딸의 모습, 누군가의 든든한 친구, 누군가의 재롱둥이 동생, 누군가의 자랑스러운 제자의 모습이 아닌 보다 완벽한 승무원의 모습이 되기 위해서 많은 노력을 해야 한다. 우리는 새로운 관계의 시작, 객실승무원을 꿈꾸고 있다. 객실승무원이 된다면 내가 만나는 모든 승객들에게 신뢰감과 호감을 줄 수 있는 열린 창(Open area)을 확대해야 할 것이며, 그 속에서 손님들에게 편안함과 안전한 서비스를 제공해야 한다. 때로는 완벽한 모습을 연출하기 위해서 승무원이라는 숨겨진 창(Hidden area)에서의 역할을 제대로 수행해야 할 것이며, 내가 모르는 나의 모습, 즉 보이지 않는 창(Blind Area)을 파악하기 위해 많은 노력을 해야 할 것이며, 잠재된 나의 모습을 계속해서 발전시켜 나가는 미지의 창(Unknown area)의 개발을 위해 노력을 해야 한다.

객실승무원의 이미지 메이킹이란?

객실승무원의 역할을 잘 수행 할 수 있도록 나의 단점을 보완하고, 장점을 부각시켜 결국 승객들에게 호감 가는 서비스와 안전한 서비스를 제공하는 것에 목표가 있다.

3) 이미지 메이킹의 구성요소

(1) 내적 이미지 메이킹

성공적인 이미지 메이킹은 올바른 내적 이미지 메이킹을 바탕으로 자신의 장점을 부각시킬 수 있는 외적 이미지를 만들어 가는 것이다. 진정한 이미지 메이킹은 객실승무원으로써 미의식과 가치관이 자신의 내적 모습에 반영될 때 가능하게 된다.

객실승무원의 아름다움은 내면에서 시작된다. 승객들을 배려하고 희생과 봉사를 기반으로 하는 직업 정신이 있어야지만 외적인 매력이 부각될 수 있다. 객실승무원은 비행기라는 좁은 공간에서 문화와 가치관이 다른 전 세계의 승객을 만족시키기 위해 끊임없이 노력하고 개인을 발전시켜 나가야 한다. 단순하게 객실승무원의 외적인 화려함을 추구한다면 이에 대한 왜곡됨이 느껴져서 성공적이 못한 사례가 될 것이다.

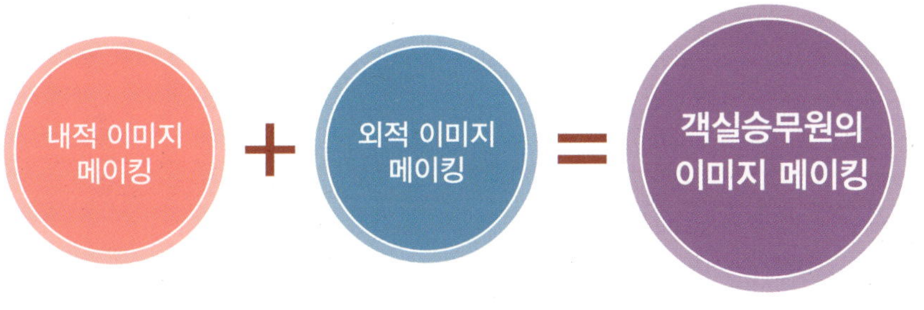

▲ 객실승무원의 올바른 이미지 메이킹

따라서 객실승무원의 기본적인 소양과 진정한 직업정신을 바탕으로 자신의 장점을 부각시키고, 단점을 보완할 수 있는 이미지 메이킹의 방향을 설정해야 올바른 객실승무원의 이미지 메이킹이 완성될 수 있다. 나는 혹시 객실승무원의 보이는 아름다움에 중심을 두지 않았는지 생각해 보고, 객실승무원이 되기 위해서 갖추어야 하는 기본적 소양은 무엇인지 고민해 볼 필요성이 있다. 또한 타인에게 나의 첫인상을 물어보는 것도 하나의 방법이 될 수 있다. 장점을 더욱 발전시키고, 단점은 원인을 분석해 봄으로써 스스로 보완하고 노력하는 것이 필요하다.

나만의 이미지 메이킹 방안 설정

구분	성공적 이미지 메이킹을 위한 방안
내적 이미지 메이킹	
외적 이미지 메이킹	

(2) 외적 이미지 메이킹

우리는 앞서 이미지는 타인에 의해서 결정되어지고, 이는 내가 가지고 있는 본질과 다르게 평가되어질 수 있다고 학습하였다. 흔히 '나는 알고 보면 착하다, 나는 알고 보면 적극적이다, 나는 알고 보면 순수하다'와 같이 알고 보면이라는 시간을 적용하기에는 고객과 나와의 만남은 극히 짧은 순간만 존재한다는 것을 알고 있다. 객실승무원으로서 고객과의 만남은 국제선의 경우 길게는 10시간 이상, 국내선에서 짧게는 1시간 미만을 함께 하게 된다. 이는 알고 보면이라는 것을 적용하기에는 시간상의 아쉬움이 남게 된다. 고객이 느끼는 나의 이미지는 어떠한 요소들로 인해 형성되어지는지 살펴보자.

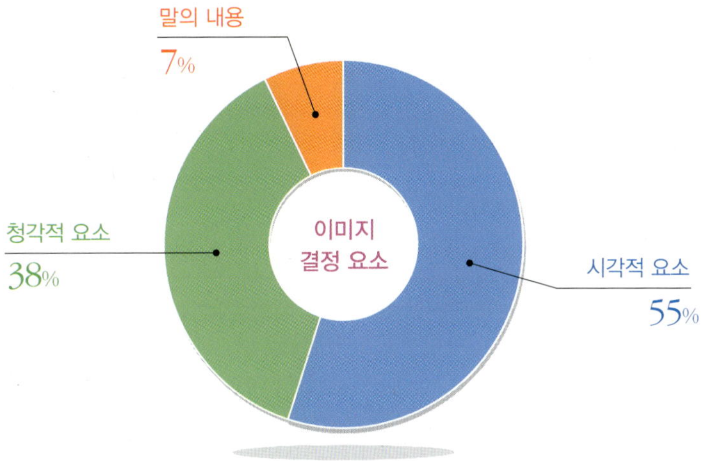

▲ 이미지 결정요소 – 엘버트 메라비안의 법칙

캘리포니아 대학교(UCLA) 심리학과 교수인 엘버트 메라비안(Albert Mehrabian)의 '메라비안의 법칙'에 따르면 이미지 결정요소로, 시각적 요소(Body language)는 55%, 청각적 요소(Tone of voice)는 38%, 말의 내용(Word)은 7%가 있다고 하였다. 타인에게 한 사람의 이미지가 결정되는 데 있어서 시각적인 부분(Body language)이 가장 많은 영향력을 가지고 있다는 것을 뜻한다. 시각적인 요소는 눈에 보이는 모든 부분으로써 머리 스타일, 표정, 눈빛, 자세, 용모, 복장 등 머리끝부터 발끝까지 모든 부분이 이에 해당한다. 청각적인 요소(Tone of voice)는 귀로 들리는 모든 부분으로써 목소리, 말투, 뉘앙스, 말의 높낮이, 말의 빠르기 등이 이에 해당한다. 말의 내용(Word)은 평소에 사용하는 모든 말의 내용이 이에 해당한다. 같은 뜻을 전달하기 위해 우리는 다양한 언어로 생각을 전달한다. 말의 내용은 그 사람의 인격적인 부분과 성향의 부분을 느낄 수 있고 전문성과 신뢰감을 느끼게 한다.

이 모든 요소들이 타인에게 전달되어 이미지라는 형태를 형성하게 되고, 한번 형성되어진 이미지는 쉽게 변하지도, 잊어지기도 힘들다.

올바른 마음가짐과 가치관을 기반으로 한 내적 이미지가 외적인 이미지로 잘 표현되어 상대에게 성공적인 이미지 메이킹으로 전달되기 위해서는 많은 노력들이 필요하며, 면밀한 자기 분석이 필요하다.

(3) 이미지 메이킹의 5단계

① 자신의 알라

자기 자신을 바르게 파악하는 단계로서 이미지 메이킹의 가장 기초적인 단계이다. 내가 아는 나의 이미지와 타인에게 보이는 이미지의 차이를 파악함으로써 자신을 분석할 수 있고, 올바른 목표를 설정할 수 있게 된다.

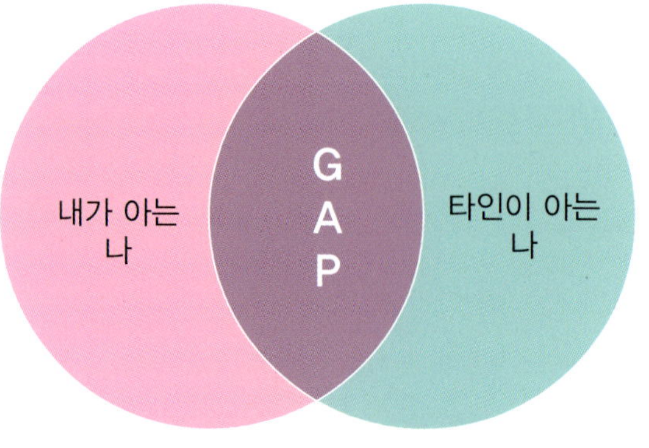

▲ 이미지의 GAP

② 자신을 개발하라

구체적인 목표를 설정하는 단계로써 내가 원하는 이미지와 현재 나의 이미지 사이의 갭(Gap)을 줄이기 위해 자신의 단점을 줄이고, 장점을 부각시킬 수 있는 노력이 필요하다.

③ 자신을 포장하라

자신의 외적인 이미지를 역할과 목적에 맞게 연출하는 단계로써 이 단계는 승무원으로서 올바른 이미지 메이킹의 구체적인 방법을 알고, 적용시키는 단계이다. 내 안에 봉사와 서비스 정신이 가득하더라도 고객에게 이를 표현하지 못하면 그 가치는 빛을 발하지 못하는 것처럼, 자신이 가지고 있는 내면의 가치를 돋보이고 잘 살리기 위한 외적 이미지를 개발해야 한다.

④ 자신을 알리고 광고하라

자신을 적극적으로 알리고 표현하는 단계로써 가장 먼저 자신감을 가지고 자신의 능력을 맘껏 발휘할 수 있는 기회를 스스로 만들어 내는 것이다. 어떻게 하면 보다 효과적으로 나를 알릴 수 있을지 많은 연습과 시행착오 안에서 스스로를 개발하는 연습이 필요하다.

⑤ 나다움을 개발하라

마지막 단계는 자신의 진실한 이미지를 전달하는 단계이다. 승무원은 안전과 서비스를 통해 고객들에게 신뢰감을 줄 수 있어야 한다. 단순히 밝은 표정, 아름다운 미소만으로 고객의 마음을 사로잡을 수는 없다. 나의 이미지에 자신감을 가지고, 누구도 흉내 낼 수 없는 더 나은 나를 개발하기 위해서 끊임없는 노력을 해야 한다.

4) 이미지 진단

성공적인 이미지 메이킹을 위해 가장 기초적인 단계인, 타인이 인식하고 있는 나의 이미지를 진단해 보고, 내가 발전시켜야 하는 방향과 보완해야 하는 방향을 설정해 보자. 진단의 순서로는, ① 진단지를 통해 나의 이미지 진단하기, ② 진단지 합산하기, ③ 나의 이미지 진단 해석하기로 진행되며, 진단에 참여해 줄 사람은 나를 포함하지 않는 타인 10명의 도움을 받아 진행된다. 따라서 선정된 10명에게 진단 대상자를 처음 보았을 때를 생각하면서 진단에 임해 줄 것을 요청해야 한다.

(1) 진단지를 통해 나의 이미지 진단하기

순서	방법
1	나의 주변을 사람들 중 10명을 선정한다.
2	선정된 사람들에게 [나의 이미지 진단지]를 주고, 진단지에 표기되어 있는 30가지 단어 중 나의 이미지를 잘 나타내는 단어 3개를 선택해서 해당 칸에 V 표시를 하도록 한다. 단, 나를 처음 보았을 때의 이미지를 떠올리면서 체크할 것을 요청한다. 예) 첫 번째 평가자는 1번 칸에, 두 번째 평가자는 2번 칸에 체크하도록 하며, 30가지 단어 중 3가지만 체크하도록 한다.
3	10명의 평가자는 체크가 끝났으면, 나에게 다시 돌려준다.

나의 이미지 진단지

No	이미지 특성	집계	1	2	3	4	5	6	7	8	9	10
1	따뜻하다											
2	친근하다											
3	조용하다											
4	다정하다											
5	편안하다											
6	얌전하다											
7	애교가 있다											
8	예의가 바르다											
9	차분하다											
10	친절하다											
11	성실하다											
12	신중하다											
13	매력이 있다											
14	이해가 빠르다											
15	인내력이 있다											
16	깨끗하다											
17	시원스럽다											
18	명랑하다											
19	이지적이다											
20	적극적이다											
21	유머가 있다											
22	논리적이다											
23	열정적이다											
24	낙천적이다											
25	진지하다											
26	배짱 있다											
27	활동적이다											
28	침착하다											
29	박력 있다											
30	사교적이다											

(2) 진단지 합산하기

순서	방법
1	[나의 이미지 진단지]의 체크가 완료 되었으면 이미지를 나타내는 단어별로 몇 개가 체크 되었는지 합산을 해서 [나의 이미지 진단지]의 집계란에 숫자를 써 넣는다.
2	그 후, 아래의 [이미지를 통한 3가지 영역의 분석표]에 집계된 숫자를 넣는다. 예를 들어서, 30번 '사교적이다'에 3개가 체크되었을 경우, 아래의 [이미지를 통한 3가지 영역의 분석표] 30번에 3이라고 표기한다.
3	1번, 4번, 7번, 10번, 13번을 모두 더하여 Warm영역 합계란에 넣는다. 16번, 19번, 22번, 25번, 28번을 모두 더하여 Cold영역 합계란에 넣는다. 이와 같은 순서로 아래의 [이미지를 통한 3가지 영역의 분석표]를 채운다.
4	각각의 영역의 합계를 비교하여 모두 가장 높은 영역을 나의 대표 이미지 부분에 작성한다.

이미지를 통한 3가지 영역의 분석표

Appearance			
1		16	
4		19	
7		22	
10		25	
13		28	
Warm A영역 합계	(점수:)	Cold B영역 합계	(점수:)

Personality			
2		17	
5		20	
8		23	
11		26	
14		29	
Soft C영역 합계	(점수:)	Strong D영역 합계	(점수:)

Inclination			
3		18	
6		21	
9		24	
12		27	
15		30	
Introversion E영역 합계	(점수:)	Extroversion F영역 합계	(점수:)

나의 대표 이미지 ( ) 영역

(3) 나의 이미지 진단 해석하기

본 진단은 나의 이미지가 타인에게 어떻게 느껴지는지 3가지 차원, 즉 Appearance, Personality, Inclination의 차원으로 분석해 보는 방법이다. Appearance는 Warm과 Cold의 두 영역으로 구분하고 있고, Personality는 Soft와 Strong의 영역으로, Inclination은 Introversion과 Extroversion의 영역으로 구분하여 나의 이미지를 분석해 볼 수 있다.

Appearance영역에서 A와 B의 합산 중 A가 더 높은 점수가 나왔다는 것은 타인에게 보이는 이미지가 Warm(따뜻한) 쪽에 가깝다는 것을 뜻한다. A와 B의 합산 중 B가 더 높은 점수가 나왔다는 것은 보이는 이미지가 Cold(차가운) 쪽에 가깝다는 것을 뜻한다. 점수가 높게 나올수록 많은 사람들이 더욱더 강하게 느끼고 있다는 것을 뜻한다.

Personality영역에서 C와 D의 합산 중 C가 더 높은 점수가 나왔다는 것은 대화나, 행동적인 부분에서 느껴지는 성격적인 부분이 Soft(부드러운) 쪽에 가깝다는 것을 뜻한다. C와 D의 합산 중 D가 더 높은 점수가 나왔다는 것은 대화나, 행동적인 부분에서 느껴지는 성격적인 부분이 Strong(강한) 쪽에 가깝다는 것을 뜻한다. 이는 주관이나 생각들이 뚜렷할 것 같은 인상을 받는 다는 것을 의미한다.

Inclination영역에서 E와 F의 합산 중 E가 더 높은 점수가 나왔다는 것은 나의 경향적인 이미지 차원에서 Introversion(내향적인) 쪽에 가깝다는 것을 뜻한다. E와 F의 합산 중 F가 더 높은 점수가 나왔다는 것은 나의 경향적인 이미지 차원에서 Extroversion(외향적인) 쪽에 가깝다는 것을 뜻한다. 각각의 영역에서 동점이 나왔다는 것은 10명의 사람들인 한 방향으로 느끼지 않고, 이미지가 분산되어 있다는 것을 의미한다.

A, B, C, D, E, F의 점수가 가장 큰 부분이 나의 대표적인 이미지로 타인이 나를 보았을 때 가장 많이 느낄 수 있는 이미지가 된다. 만약 A, B, C, D, E, F의 점수 중 F가 가장 많이 나왔을 경우, F가 의미하고 있는 Extroversion(외향적인)이 나의 대표적인 이미지가 된다.

우리는 타인을 통한 나의 이미지 진단을 통해 이와 같은 결과를 알게 되었다. 내가 알고 있는 나와 큰 차이가 있는지, 차이가 없는지를 살펴보고 성공적인 이미지 메이킹의 방향을 설정해 보는 것이 도움이 된다. 만약 내가 알고 있는 나의 모습과 타인이 진단해 준 내용이 다르다면, 나는 어떤 노력을 해야 할 것인지 생각해 보고, 실천 방안을 작성해 보자.

A.P.I. 실천방향 설정

구분	성공적인 이미지 메이킹을 위한 실천 방안
Appearance	
Personality	
Inclination	

Chapter 02

이미지 메이킹을 위한 마음가짐

1) 항공사 승무원의 기본적 자질

앞서 이미지 메이킹의 기본적인 이해와 올바른 이미지 메이킹을 위한 기본 지식들을 살펴보았다. 이미지 메이킹이란 단순히 미적 완성도에 의존하는 것이 아닌 내가 원하는 목표에 부합할 수 있도록 내적 이미지와 외적 이미지의 완성도를 높여 결국 내 목표를 잘 이루어 낼 수 있다는 것을 학습하였다.

성공적인 이미지 메이킹을 위해 항공사의 객실승무원은 어떠한 자질이 요구되는지 파악해 보고, 이를 잘 표현할 수 있는 이미지 개발을 위해 어떤 노력들이 필요한지 생각해 보자.

내가 생각하는 객실승무원의 필수 자질은 무엇인가?

▲ 객실승무원의 기본적 자질

객실승무원이 되기 위한 기본적인 자질은 항공사마다 인재상이 상이하여 세부적인 자질은 다를 수 있지만, 가장 크게는 기내 서비스 관리에 대한 자질, 기내 안전 관리에 대한 자질, 마지막으로 자기 관리에 대한 자질로 분리할 수 있으며, 다음의 8가지 공통 자질로 나누어서 생각해 볼 수 있다.

(1) 투철한 직업 정신

객실승무원이란 기내 서비스 관리와 기내 안전 관리를 동시에 수행할 수 있는 사람으로서, 항공기라는 특수한 환경에서 승객의 인명과 재산에 대한 안전을 지켜 낼 수 있는 투철한 직업 정신을 바탕으로 상냥한 서비스 마인드를 가지고 있는 사람이어야만 한다. 언제 어디서나 승객의 안전과 서비스를 위해 노력하고 이를 지켜 낼 수 있는 직업정신이 요구된다.

(2) 철저한 안전의식

2013년 미국 샌프란시스코 국제공항에서 발생한 아시아나항공 보잉777기 추락사고가 있었다. 당시에 사고로 3명이 사망하고, 180여 명이 부상을 당하였으나 승무원의 침착한 대응으로 대형 인명사고를 막았다는 평가에 따라 항공기 사고에서 인명 피해를 줄이는 데 객실승무원의 역할의 중요성이 강조되고 있다. 또한 비행기에서 끊임없이 발생하는 기내 난동 승객들을 대처하고 승객들을 안전하게 목적지로 이동하는 일은 승무원의 업무에서 가장 중요한 부분이다. 항공사에는 기내 감압, Bird Strike 등 준비되지 않는 상황에 대처하는 항공사의 비상보안장치와 업무 매뉴얼이 존재하지만 결국 이를 행하는 사람들은 객실승무원이다. 2015년에는 안전자격증을 소지한 승무원만 현장에 투입될 수 있도록 하는 법안이 국회에 제출된 만큼 객실승무원의 안전에 대한 자격과 의식이 강조되고 있는 실정이다. 승객과 자신의 안전을 지켜 낼 수 있는 안전의식과 능력들은 매우 중요한 부분이다.

(3) 봉사정신과 서비스 마인드

항공기를 이용하는 승객들은 시대의 흐름에 따라 승무원에 대한 기대가 나날이 높아지고 있다. 해외여행을 하는 승객들이 늘어나고, 승무원에 대한 기대가 높아짐에 따라 기대에 미치지 못하는 서비스를 경험하는 승객들은 불만족하는 사례들이 늘어나고, 승무원들은 보다 나은 서비스를 행하기 위해 많은 노력들이 필요하다. 기내의 승객들은 다양한 연령대의 손님들로 구성되어 있다. 20대에 대부분 입사를 하게 되는 신입 승무원들은 다양한 승객들을 만족시키기 위해 보다 많은 경험과 소통을 경험해야 한다. 승객들이 어떠한 불편함이 있을지 보다 구체적으로 생각해 보고, 나와 다른 사람들의 마음들을 이해할 수 있는 여러 가지 경험을 통해 서비스 마인드를 함양해야 한다.

(4) 원만한 인간관계

객실승무원은 스케줄 근무에 따라, 매 비행 시 다른 승무원들과 함께 근무를 하게 될 것이고 매 비행 시 다른 손님들과 함께 긴 시간 비행을 하게 된다. 또한 국제선의 경우 현지에 도착을 해서 다음 비행을 위해 다른 승무원들과 같은 방에 머물러야 할 순간들도 있을 것이고, 때로는 나와 맞지 않는 사람들과 오랜 시간 동안 이야기를 하고 팀워크를 키워 나가야 하는 시간들도 있을 것이다. 공통의 목표를 위해 새로운 사람과 시간을 나누고, 의견을 공유해야 할 것이며, 이 속에서 팀워크를 키워야 하는 객실승무원들은 타인과 원만하게 지낼 수 있는 인간관계가 필요하다. 아무리 훌륭한 업무 능력이 있더라도 원만한 인간관계 능력이 없다면 새로운 환경 속에서 힘든 시간이 이어질 것이며, 이는 업무에 대한 불만족으로 이어 나갈 것이다. 따라서 친구들과 원만하게 지내는 방법, 나와 다른 연령대를 이해하는 방법, 나와 다른 사람들과 소통하는 방법을 평소 생활 속에서 경험을 통해 체득해 나가야 한다.

(5) 글로벌 매너와 에티켓

객실승무원은 전 세계의 노선을 비행하며, 각 항공사의 대표적인 얼굴로서 다른 사람들과 소통을 하게 된다. 우리나라에서는 당연하게 여겨지는 행동들이 다양한 국적의 사람들에게는 실례의 모습이 될 수 있고, 무례한 행동으로 이어지는 경우가 있다. 객실승무원의 타 문화를 이해할 수 있는 능력이 필요하며, 자문화 중심의 사고가 아닌 글로벌한 세계의 문화를 이해하는 폭넓은 사고가 요구된다.

문화란 사회 구성원들의 사고방식과 행동을 규제하는 학습된 신념이며 관습의 총체로써 생활양식으로 나타나게 된다. 동양의 문화는 관계에 중점을 두고 인간사회와 조화되며, 서양은 개인에 중점을 두고 대립되는 특징을 가지고 있다. 또한 동양의 수직문화는 어른을 공경하고 자신의 자세를 스스로 낮추고 상대를 높이는 형태를 가지고 있으며, 서양의 수평문화는 삶의 다양성과 평등, 창의력을 발달시킴으로써 자유로운 의사 전달방식의 형태를 가지고 있다. 따라서 객실승무원으로서 세계인과 더불어 소통할 수 있는 글로벌한 매너를 배우고 몸에 익혀 실천해야 한다.

(6) 능숙한 외국어 구사 능력

객실승무원의 지원 자격은 '토익 550점 이상인 자'라고 항공사에서 명시된 바와 같이 객실승무원의 외국어 구사능력은 매우 중요한 역할을 하게 된다. 중국과 일본과 같은 근거리 비행이 많은 저비용항공사에서는 HSK 점수를 요구하고 있으며, 이는 객실승무원이 되고자 하는 학생들이 가져야 하는 필수적인 능력이 되고 있다. 뿐만 아니라. 객실승무원이 된 후 진급을 위한 자격요건에도 항공사마다 어학능력의 기준을 가지고 있는 것처럼 객실승무원들의 능숙한 외국어 구사 능력은 계속해서 개발되어야 하는 부분이다.

(7) 철저한 자기 관리

객실승무원으로서 자신을 통제하고 관리하는 능력은 매우 중요한 요소이다. 항공기는 정시성을 원칙으로 정확한 시간에 이륙과 착륙을 목표로 하고 있다. 비행에 임하기 위해서 객실승무원들은 늘 시간을 체크해 정확한 브리핑 장소에 도착해야 하며, 매 비행에 자신의 업무를 확인하고 배정된 역할에 따라 업무를 수행해 나가야 한다. 매일 공지사항을 확인하고, 회사에서 규정하고 있는 모든 업무 지시를 지켜 가며 비행을 하게 된다. 해외 체류 시에도 업무에 차질이 없도록 개인행동을 자제하며, 자신을 관리해 나가게 된다. 이러한 업무의 특성으로 인해서 승무원을 꿈꾸는 학생들은 가장 먼저 수업시간에 어떤 일이 있더라도 늦지 않으며, 내가 오늘 해야 할 있을 빠짐없이 기록해서 수행해 나가는 습관들을 키워 나가야 한다. 시간을 지키는 일, 오늘 내가 해야 하는 일을 확인하고 지켜 나가는 일부터, 자신을 관리하고 목표를 위해 실천해 나가는 습관을 키워 내야 한다.

(8) 건강한 신체와 체력

항공사의 최종 면접에 합격하게 된다면, 해당 항공사에서 제시하는 체력테스트에 임해야 한다. 이를 통해 승무원이 될 수 있는 기본적인 체력을 확인하게 된다. 또한 1년에 한 번씩 정기적인 체력 검사를 실시하고, 이를 통과해야만 비행을 할 수 있는 승무원의 자격요건이 유지된다. 승무원의 국제선 스케줄은 매우 다양한 시차를 극복해야 하며, 기내에서 무거운 카트를 운반하거나, 승객의 무거운 짐을 들어 드리는 일 등 다양한 환경에 노출되게 된다. 승무원 자신의 체력이 받쳐 주지 않는다면 시차를 극복하는 일, 서비스업무를 준비하는 일, 승객의 안전을 지켜 내는 일에 차질이 생길 것이며, 잦은 병가로 인해 업무의 만족도에 영향을 미치게 된다. 따라서 평소 운동을 통해 건강한 몸을 만들고 유지시키는 일이 중요하다.

객실승무원의 자질 중 우리 조가 생각하는 우선순위를 작성해 봅시다.

객실승무원의 자질	우선순위	이유
투철한 직업 정신		
철저한 안전의식		
봉사정신과 서비스 마인드		
원만한 인간관계		
글로벌 매너와 에티켓		
능숙한 외국어 구사 능력		
철저한 자기 관리		
건강한 신체와 체력		

2) 객실승무원이 되기 위한 마음가짐

산업혁명 4.0시대에는 다수의 직업이 사라지고, 인공지능 로봇이 인간을 대체하는 시대가 올 것이라고 많은 전문가들은 전망하고 있다. 최첨단 지능을 가지고 있는 로봇이 인간의 일을 대신하는 시대에도 로봇이 넘지 못하는 직업군은 바로 사람과 사람의 관계에서 감성을 근간으로 하는 직업군이다. 로봇은 상대에게 따뜻한 온기와 눈빛으로 인사를 건넬 수도 없고, 상대의 마음을 헤아리며 마음을 나누는 일을 할 수가 없다. 이는 로봇이 할 수 없는 분야이며 이러한 업무를 하는 사람들은 더욱더 깊이 있는 업무를 해 나가게 된다는 것이다. 우리는 다양한 동기를 통해 객실승무원이라는 꿈을 가지고 있으며, 이를 잘 해 나가기 위해 여러 가지 노력과 함께 사람들과 소통할 수 있는 이미지 메이킹을 할 것이다. 이미지 메이킹의 가장 근본은 드러나는 아름다움이 아닌 승무원다운 생각과, 타인을 생각하는 배려 능력과 소통 능력이다. 올바른 이미지 메이킹을 위해 나는 객실승무원이라는 직업을 어떻게 이해하고 있으며, 이를 위해서 어떠한 노력을 할 것인지 Self talk를 통해 올바른 마음가짐을 정립해 보자.

객실승무원이 되기 위한 SELF TALK

1 나는 왜 객실승무원이 되고 싶은가?

2 객실승무원이란 무엇을 하는 직업인가?

3 객실승무원이 되기 위한 필수 요건은 무엇인가?

4 객실승무원이 되기 위해서 어떤 노력을 해야 할 것인가?

5 객실승무원이 되기 위해 나의 이미지는 객관적으로 어떠한가?

6 객실승무원이 되기 위해 나의 어떤 점을 부각시키고 싶은가?

객실승무원이 되기 위한 SELF TALK

7 객실승무원이 되기 위해 나의 어떤 점을 보완하고 싶은가?

8 내가 생각하는 객실승무원의 이미지 메이킹의 포인트는 무엇인가?

9 객실승무원다운 이미지 메이킹을 위해 어떤 노력을 할 것인가?

10 객실승무원이 된 나의 모습을 그려 보자.

PART

2

이미지 메이킹의 핵심, Appearance

Chapter 03 첫인상 이미지 메이킹

1) 첫인상의 개념 및 중요성

객실승무원은 매 비행에서 새로운 승객과 새로운 경험들을 만들어 낸다. 국내선에서 짧게는 1시간에서 국제선에서 길게는 10시간 이상의 시간을 함께하면서 승객들의 소중한 기억 속에 머물게 된다. 부푼 마음으로 비행기에 오른 승객들에게는 항공사의 객실승무원들의 인상과 순간마다 느껴지는 경험을 통해 항공사의 이미지가 정립되고, 이것은 여행이 끝난 후에 저마다 해당 항공사를 기억하는 추억으로 자리매김된다. 이와 같은 이유로 항공사의 객실승무원은 좋은 이미지를 주기 위해 많은 노력을 하고 있다. 그중 첫인상 관리는 중요한 부분이며, 첫인상은 쉽게 변하거나 쉽게 바뀌지 않는다.

여러 심리학자는 실험을 통해 첫인상의 중요성을 검증해 왔다.

첫 번째, 프리스턴 대학교의 재닌 윌리스(Janine Willis)와 알렉산더 토도로브(Alexander Todorov)는 타인을 보고 호감이 느껴지는지 아닌지에 대해 판단되는 시간은 불과 0.1초가 걸린다고 연구에서 밝혀냈다. 그들의 실험에서는 사람들에게 남자 얼굴 사진 33장과 여자 얼굴 사진 33장을 컴퓨터 화면을 통해 보여 주게 하고 보여 주는 시간을 총 4그룹(0.1초, 0.5초, 1초, 시간제약이 없는 그룹)으로 나누어서 사람들의 반응을 평가하였다. 그 결과 화면을 0.1초를 보고 판단한 점수와 시간제약이 없이 화면을 보고 판단한 점수는 비슷하였다. 이는 많은 사람들은 타인을 판단할 때 0.1초 만에 인상을 파악할 수 있고, 시간을 더 많이 준다고 해서 그들의 생각이 달라지지 않는 다는 것을 나타내었다.

두 번째, 하버드 대학교 나리니 앰버드 박사팀은 타인에 대해 인식하는 첫인상은 30초 사이에 결정된다고 하였다. 애스톤 대학교의 네일 앤더슨 박사는 모의면접 실험에서 처음 접하게 되는 4분 사이에 채용 여부가 결정된다는 것을 밝혀냈다. 이처럼 첫인상이 얼마만에 결정되는지에 대한 실험결과는 많은 연구들을 통합적으로 볼 때, 4분 안에 첫인상이 결정된다고 해도 과언이 아니라고 볼 수 있다.

이렇게 굉장히 빠른 시간 내에 결정되어지는 첫인상은 처음 받아들여지는 정보가 매우 중요하다. 그렇다면 상대에게 받아들여지는 나의 첫인상은 바뀌지 않는 것인지에 대한 실험을 살펴보자. 브리티시 콜롬비아 대학교의 델로이 폴러스 박사팀은 대학생 124명을 4명씩 나누어서 하루에 20분씩 토론하는 실험을 하였다. 처음 만났을 때 받은 첫인상을 측정하고, 실험이 진행된 지 7주가 지났을 때 다시 인상을 측정하였는데, 결과는 놀랍게도 비슷하게 나타났다.

이와 같은 결과로 볼 때 첫인상은 쉽게 바뀌지 않으며, 긍정적인 첫인상을 주기 위해서는 생각보다 더 오랜 시간과 좋은 모습들이 필요하다고 볼 수 있다.

2) 첫인상의 효과

(1) 초두효과(Primacy effect)

타인에게 형성되는 인상에는 첫인상이 중요하고, 먼저 제시된 정보가 나중에 알게 된 정보보다 더 강력한 영향을 미친는다는 것이 초두효과이다. 미국의 심리학자 솔로몬 애쉬(Solomon Asch)는 실험에 참가한 대상을 A와 B집단으로 분류하였다. 이 집단에게 특정한 인물을 소개하였는데, A집단에는 "샘이 많은, 고집이 센, 비판적인, 충동적인, 근면한, 똑똑한"의 순서로 단어를 제시하였다. B집단에는 순서를 바꾸어 "똑똑한, 근면한, 충동적인, 비판적인, 고집이 센, 샘이 많은"의 순서로 제시하고 해당 인물에 대해서 평가해 보라고 하였다. 그 결과로는 긍정적인 단어를 먼저 소개한 B집단에서 더 긍정적인 평가를 하는 것으로 나타났다. 이는 사람들이 정보를 습득할 때 가장 먼저 들어오게 되는 정보에 대해 더 큰 작용을 한다는 것을 나타낸다. 우리는 본능적으로 낯선 장소가 안전한지, 혹은 상대가 위험한 사람은 아닌지 빨리 판단해 움직이려는 습성이 있다. 이것은 생존과 연관지어서 판단되기 때문에 우리의 뇌는 무언가를 보면 '이런 것이다'라고 판단하려는 성질을 갖게 되어 있다. 이와 같이 많은 정보를 받아들일 때 처음에 받는 인상이 가장 크게 작용한다는 것이 바로 초두효과이다.

(2) 빈발효과(Frequency effect)

초두효과가 정보의 시점의 중요성을 강조하였다면, 빈발효과는 정보의 반복적인 노출의 중요성을 강조하는 효과이다. 어린 시절 어른들로부터 사람은 첫인상으로 판단하려 하면 안 된다는 것을 들어 본 적이 있을 것이다. 이것은 편견이며, 빈번하게 틀릴 수도 있다는 것을 심어 주는 말이다. 우리도 생각해 보면 처음에는 맘에 들지 않던 사람들도 여러 번 경험해 보고, 행동이나 태도 혹은 생각들이 내가 느낀 첫인상과는 다르게 진지하고 솔직한 태도를 보면서 좋아지는 경우가 많이 있다. 여러 학자들은 빈발효과로 이미지를 바꾸려면 40시간 이상의 만남을 통해 신뢰를 주는 것이 유일한 방법이라고 하였다. 그러나 기내는 단발적으로 고객과 만남이 이루어지고 고객과의 만남은 제한되어 있기에 이미지의 회복은 기대하기가 어렵다. 항상 좋은 첫인상을 주려고 노력해야 하고, 만약 첫 만남이 조금 부정적이었다면 빠르게 회복할 수 있도록 최대한 노력을 해야 할 것이다.

(3) 후광효과(Halo effect)

후광효과는 대상을 평가할 때, 그 대상의 두드러지는 특성 때문에, 그 외의 면에 대해서도 영향을 받으면서 평가해 버리는 것이다. 후광효과는 사회 심리학에서 취급되는 현상의 명칭으로 인지 바이어스로 불리는 것 중 하나이다. 인지 바이어스란 자기 안의 생각 혹은 주위에 영향을 받은 사고 등으로 인해 합리적인 판단을 내릴 수 없게 되는 것을 의미한다. 만약 여러분이 깔끔한 외모로 호감 가는 사람을 만났을 경우, 그(그녀)의 집도 깔끔하게 정리가 잘 되어 있고 생활패턴 또한 깔끔할 것이라고 생각하게 된다. 또한 '저 사람은 멋있게 생겼으니까 머리도 좋고 능력도 좋을 거야'라고 생각하는 것이 후광효과에 해당된다. 기업들 역시 제품을 광고할 때 유명 스타들을 광고모델로 내세워서 마케팅하게 된다. 즉, 스타들이 가지고 있는 명성과 인기가 후광효과를 발휘해서 그 스타들을 좋아하는 고객들이 상품의 신뢰성을 가지고 구매 욕구를 자극하게 되는 원리이다. 이는 첫인상의 긍정성을 강조하는 효과이다.

(4) 맥락효과(Context effect)

맥락효과는 처음에 제시된 정보가 나중에 들어오는 정보들을 처리하는 기본 기준이 되어 전체적인 맥락을 제공하는 것이며 후광효과와 비슷한 개념이다. 예를 들면, 실험자들에게 애매한 그림을 보여 주고, 사전적으로 동물이라는 단서를 주었다면 실험자들은 사전 단서로 인해서 제시된 그림을 우리가 알고 있는 동물의 형상과 대조하고 매칭되는 형상을 찾으려고 노력하게 된다. 연구에 의하면 인지적인 측면뿐만 아니라 감정적인 측면에도 영향을 미치게 되는데, 재미있는 프로그램 시청 후에 노출되는 광고는 시청자들에게 긍정적인 감정을 유발시키고 슬픈 프로그램을 시청한 후 노출되는 광고는 부정적인 감정을 유발해서 광고효과가 낮아지게 된다.

3) 나의 첫인상 분석하기

나를 처음 만나는 사람들에게 현재의 내 모습은 어떻게 받아들여지게 될 것인지 솔직한 자가진단을 통해 파악해 보자.

첫인상 자가진단

1 처음 만나는 사람에게 주로 어떤 표정을 하십니까?

① 다정한 미소로 대한다.
② 무표정하게 대한다.
③ 반갑게 웃으면서 대한다.
④ 경계심을 가지고 대한다.

2 악수를 할 때 상대방의 손을 어떻게 잡습니까?

① 힘 있게 잡는다.
② 부드럽게 잡는다.
③ 상대방이 잡도록 내밀고 있다
④ 가볍게 댄다.

3 처음 만나는 사람에게 주로 쓰는 인사말은?

① 안녕하십니까?
② 말은 거의 하지 않는다.
③ 반갑습니다.
④ 처음 뵙겠습니다.

4 인사는 어떻게 하십니까?

① 큰 목소리로 명확하게 인사한다.
② 낮은 목소리로 부드럽게 인사한다.
③ 보통 목소리로 인사한다.
④ 그냥 미소만 지으며 인사한다.

5 대화를 나눌 때 귀하의 목소리는 어떠합니까?

① 부드럽고 다정한 편이다.
② 거칠고 강한 편이다.
③ 크고 명랑한 편이다.
④ 조용하고 침착한 편이다.

6 대화를 나눌 때 주로 상대방의 어디를 봅니까?

① 눈을 본다.
② 얼굴 전체를 본다.
③ 입과 목 부위를 본다.
④ 얼굴을 보기가 민망하다.

7 귀하가 어린 아기를 보고 웃으면 그 아기의 반응은?

① 고개를 돌린다.
② 방긋방긋 웃는다.
③ 눈을 피한다.
④ 삐쭉 거리다가 울어 버린다.

8 누군가를 기다릴 때

① 입구 쪽을 바라본다.
② 다른 생각에 잠긴다.
③ 읽을거리를 보고 있다.
④ 다른 사람과 통화를 한다.

9 약속시간은?

① 먼저 가서 기다리는 편이다.
② 정시에 칼같이 나타난다.
③ 조금씩 늦는 편이다.
④ 잘 못 지키는 편이다.

10 귀하의 성향은 어떤 편입니까?

① 수줍고 얌전한 편이다.
② 보통이다.
③ 활발하고 사교적인 편이다.
④ 혼자 있기를 좋아한다.

11 귀하의 성격은 어떤 편입니까?

① 온순 착실한 편이다.
② 명랑한 편이다.
③ 거칠고 강한 편이다.
④ 사교적이다.

12 귀하의 웃는 눈을 자세히 보면?

① 다정하게 웃고 있다.
② 멍하니 보고 있다.
③ 노려보는 듯하다.
④ 약간 웃는 듯하다.

13 귀하의 웃는 입을 자세히 보면?

① 입 꼬리가 위로 올라가 있다.
② 입이 일자(一)형이다.
③ 아래로 처져 있다.
④ 한쪽은 올라가고 한쪽은 내려가 있다.

14 외출할 때 주로 귀하의 옷차림은?

① 주로 정장을 한다.
② 별로 신경 쓰지 않는다.
③ 내가 편하게 입는다.
④ 상황에 맞게 입는다.

15 처음 만나는 모임에서 귀하의 행동은?

① 소개해 주는 사람이 있으면 인사를 나눈다.
② 먼저 찾아다니면서 인사한다.
③ 다른 사람이 찾아와서 인사할 때까지 기다린다.
④ 조용히 앉아 있는다.

첫인상 자가진단 테스트 결과

구분	❶	❷	❸	❹	점수
1	3	1	5	0	
2	5	3	0	0	
3	3	2	5	3	
4	5	1	3	1	
5	3	0	5	1	
6	5	3	1	0	
7	1	5	1	0	
8	5	3	3	1	
9	5	3	1	0	
10	1	3	5	0	
11	1	3	0	5	
12	5	1	0	3	
13	5	3	0	1	
14	3	0	0	5	
15	1	5	0	0	

나의 첫인상 점수(   )

참고

첫인상 자가진단에서 1번에 ②를 체크했다면 1번 점수는 1이라고 표 안에 기재한다.

첫인상 자가진단 테스트 결과 해석

첫인상 유형	해석
오해하지 말아요 (15점 이하)	나의 의도와는 다르게 타인에게 차갑거나, 이기적으로 비춰질 수 있습니다. 첫 이미지만으로는 접근하기 어려우며, 본질과 다르게 비춰질 수 있습니다. 내 안의 따뜻함을 표현하기 위해 노력해야 하며, 타인이 다가와 주기를 바라지 말고, 타인에게 먼저 다가서려는 노력을 해야 합니다. 원만한 대인관계를 형성하기 위해서는 나의 어떤 점이 차갑게 느껴질 수 있는지 주변의 이야기를 들어 보고 이를 개선하기 위한 노력을 해 봅시다.
나를 기억해 주세요 (16점~35점 이하)	나는 비교적 평범한 인상을 가지고 있습니다. 누군가를 만날 때 첫인상 때문에 손해를 보지는 않지만, 그렇다고 뚜렷한 인상을 주지도 않습니다. 내가 가지고 있는 장점을 부각시키고, 단점을 보완하려는 노력이 필요합니다. 타인에게 어떤 모습으로 보이고 싶은지 생각해 보고, 보다 긍정적이고 강렬한 이미지를 주기 위해서 나만의 방향을 설정해 봅시다.
어디서 만난 적이 있나요? (36점~55점 이하)	나는 주변에서 첫인상이 좋다는 이야기를 제법 듣습니다. 첫 만남 시 누구나 쉽게 다가올 수 있는 친근한 인상을 소유하고 있으며, 많은 사람들과 거부감 없이 대화하고 관계를 맺을 수 있는 긍정적인 인상을 가지고 있습니다. 좋은 첫인상을 바탕으로 진정한 관계를 맺을 수 있도록 타인을 배려하는 마음을 키운다면 앞으로의 성장이 기대됩니다.
첫인상은 내가 최고야 (56점 이상)	누군가가 나를 처음 만난다면 전혀 서먹하지 않고, 쉽게 끌리는 느낌을 줄 것입니다. 많은 사람을 만나는 일에 나의 인상은 긍정적인 역할을 하게 될 것입니다. 그러나 방심은 금물, 나의 인상만 믿고 자기 개발을 게을리 한다면 좋지 않겠습니다. 첫인상에서 좋은 점수를 받으셨으니, 나의 목표를 향해 자기 개발을 철저히 하고 자신의 능력을 펼칠 수 있기를 응원합니다.

4) 밝은 표정 연출하기

상대에게 좋은 첫인상을 주기 위해서 어떤 노력을 해야 하는지 파악하기 위한 설문조사를 살펴보자. 취업포털 커리어의 직장인 454명을 대상으로 직장 생활에서 첫인상을 결정하는 요인의 대한 설문조사를 살펴보면, 얼굴표정(37%)이 가장 많은 영향을 미치고, 말투(27%), 얼굴 및 생김새(13%), 패션 및 액세서리(8%) 순으로 조사되었다. 상대에게 좋은 이미지를 주기 위해서는 가장 먼저 밝은 표정 연출을 위해 노력해야 한다는 것을 의미한다.

직장생활에서 첫인상을 결정하는 요인은?

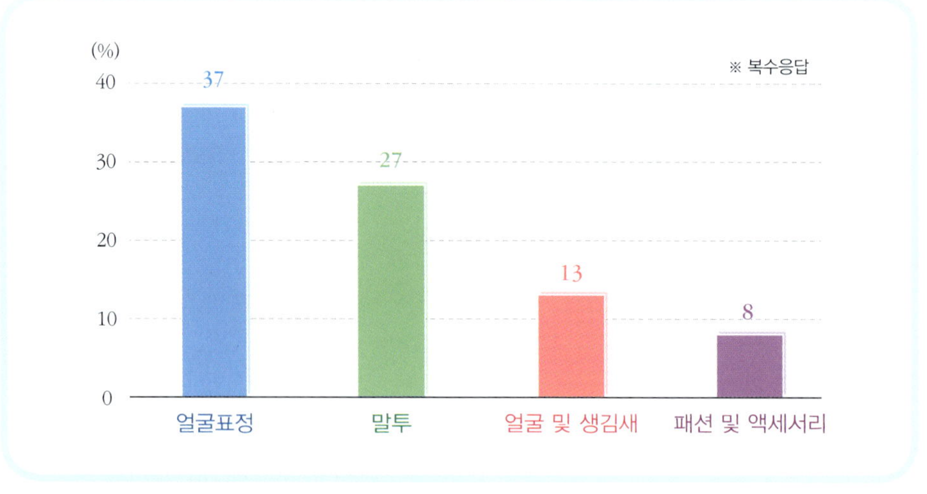

출처: 취업포털커리어 기사

(1) 밝은 표정의 중요성

우리는 어떤 감정을 인식하게 되면 얼굴의 표정 근육들로 신호가 가게 된다. 미세한 근육들이 움직여서 표정이 만들어진다. 아침에 일어나서 잠자리에 들기까지 수없이 많은 감정을 느끼게 되고, 자주 사용하게 되는 근육들로 인해 표정 주름들이 자리 잡게 된다. 시간이 흐름에 따라, 우리가 지었던 표정들로 인해 얼굴의 모습들이 바뀌게 되고 우리는 그것을 인상이라고 한다.

인상은 하루아침에 바뀌게 되는 것이 아니다.

인상을 통해 그 사람의 성격을 간접적으로 표현하게 된다.

- 하루를 긍정적이고 즐거운 생각들로 즐거운 감정을 많이 느끼게 되면 웃는 표정을 짓게 되고,
- 하루를 화를 많이 내게 되면 미간과 코를 찡그리게 되고,
- 하루를 우울하고 무기력한 감정들을 많이 느끼게 되면 입꼬리와 눈썹이 처지는 표정을 하게 된다.

이렇게 나의 생활 속에서 정착된 표정 근육들은 인상이 되고, 인상을 통해 나의 이미지가 상대에게 전달된다.

(2) 밝은 표정 만들기

밝은 표정을 만들기 위해서 매일 근육 훈련과 함께 자연스러운 미소 연습을 해 보자. 매일 연습을 해 나간다면 자연스러운 표정 근육들이 자리 잡게 되어 아름다운 표정을 연출할 수 있게 된다.

① 눈과 눈썹

- 눈동자를 우 → 좌 → 위 → 아래로 움직인다.
- 다시 반대로 움직인다.
- 미간에 힘을 줘 본다.
- 눈과 눈썹을 올렸다 내린다.
- 반복해서 연습한다.

② 코

- 콧등에 힘을 줘서 찡그렸다 폈다를 반복한다.

③ 입

• '아' 하고 입을 벌리고 눈썹을 위로 올린다.

• '이' 하고 입을 옆으로 벌리고 광대뼈를 올린다.

• '우' 하고 입을 최대한 앞으로 쭉 내민다.

• '에' 하고 입을 자연스럽게 연출한다.

• '오' 하고 입을 동그랗게 모은다.

• 무표정을 짓고 반복한다.

④ 시선 처리 연습

- 대화 상대를 바라보고 3분간의 대화를 시도한다.
- 대화 시 상대의 '눈-네크라인-눈'을 어색하지 않게 반복해서 연출한다.

▲ 대화 시 시선 처리

⑤ 미소 연습

- 상대의 눈을 마주친다.
- 입 꼬리를 올린다.
- 눈과 입이 같이 웃을 수 있도록 연습한다.
- 자연스럽게 웃을 수 있도록 반복한다.

눈 마주치고 미소 띠기

입꼬리 올리기

눈과 같이 자연스럽게

(3) 밝은 표정의 효과

① 마인드 컨트롤 효과

조금 힘들어도 참고 웃으면서 일하다 보면 진짜 기분이 좋아지는 것과 같은 느낌을 받는다.

② 감정이입 효과

다른 사람의 웃는 모습을 보면 타인의 기분까지 좋아지는 것을 느낀다.

③ 건강증진 효과

긍정적인 마인드는 신체기관의 건강까지 가져오게 한다.

④ 신바람 효과

서로 간의 밝은 표정은 업무 시 효율을 높이게 된다.

⑤ 호감 형성 효과

밝은 표정을 보면 상대에게 호감을 느낄 확률이 높아진다.

Chapter 04

자세 이미지 메이킹

1) 올바른 자세의 중요성

고객접점에서 고객과 종사자가 만나는 그 짧은 순간에 고객만족이 시작된다. 우리는 이것을 MOT(Moment of Truth), 즉 진실의 순간이라고 부른다. 반드시 마주하게 되는 고객 만남의 시작점, 15초라는 짧은 시간 안에 우리는 고객이 좋은 선택을 했음을 인식할 수 있도록 해야 한다. 고객에게 결정적 순간에 좋은 이미지를 줄 수 있는 요소 중 하나는 종사자의 올바른 자세에서 비롯된다. 비언어적 표현인 자세는 고객 환영, 고객 감사, 고객 영접 등의 메시지를 명확하게 전달할 수 있다. 객실승무원으로서 정중하고 공손한 자세는 신뢰감을 형성하고, 상대에게 예의를 표현하는 수단이다. 상황과 장소에 맞는 올바른 자세는 객실승무원과 기업이 좋은 평가를 받는 기준이 되기도 한다.

고객과 처음 마주하는 순간(MOT, 진실의 순간)은 고객응대 전 과정에서 가장 중요한 순간이다. 여행을 시작하는 고객들의 설레는 순간에 화답하는 마음으로 밝은 미소로 정중하게 인사해야 한다. 이때 무표정으로 인사말만 건네거나, 고객의 눈을 쳐다보지 않고 좌석을 안내하는 등의 행동은 삼가야 한다. 환영 시, 객실승무원은 고객들의 좌석안내 및 요청사항에 적극적으로 임하여 고객들이 안전하게 좌석에 착석하실 수 있도록 해야 한다. 특히 특수고객(임산부, 노약자, 혼자 여행하는 어린이, 장애인 고객 등)을 안내할 때는 조금 더 세심한 말과 행동으로 탑승 시 도움을 주어야 한다. 밝은 미소, 눈 맞춤, 상냥한 말투, 안내 시 손짓 등 고객을 향한 올바른 자세와 마음가짐이 표현될 수 있도록 해야 한다.

▲ 환한 미소로 탑승객을 맞이하는 모습

고객이 편안하고 즐거운 여행이 될 수 있도록 올바른 자세를 갖추는 것은 기본적인 예의이다. 고객에게 식사와 음료를 제공할 때, 고객과 눈을 맞추며 두 손으로 공손하게 제공한다. 안쪽에 앉아 계신 손님에게 먼저 제공할 때는 바깥쪽 손님에게 양해를 구하는 것이 좋다. 뜨거운 음료를 드시는 고객에게는 반드시 주의사항을 말씀드리며 냅킨과 함께 제공한다. 거동이 불편하시거나 항공기에 익숙하지 않은 고객에게 화장실 안내나 좌석 내 호출 버튼 사용법 등을 적극적으로 안내해 드린다. 객실 내부에서 지나가는 승객과 마주했을 때는 가볍게 목례하고 예의를 표하며 고객이 먼저 지나가실 수 있도록 배려한다.

목적지에 도착하여 고객이 하기하실 때는 환영할 때와 마찬가지로 감사의 마음을 담아 밝고 정중하게 인사한다. 좋은 인상을 남기기 위해 고객이 하기하는 순간까지 매너 있는 말과 자세를 유지한다. 환송인사를 할 때는 눈을 마주치며 공수자세로 인사말을 건네되, 같은 인사말을 반복적으로 하여 인위적으로 보이지 않게 주의한다.

2) 기본 자세

올바른 자세는 당당하고 자신감 있게 보인다. 객실승무원으로서 고객에게 좋은 이미지를 남기고 신뢰감을 주기 위해 갖춰야 하는 선 자세, 인사자세, 안내자세를 살펴보자. 또한 면접 시 올바른 자세를 갖출 수 있도록 활용해 보자.

(1) 선 자세

고객을 맞이하기 전 모든 준비가 완료된 시점에 고객을 환영하는 기본 선 자세이다. 용모와 복장을 점검하고 고객을 기쁘게 맞이하기 위한 마음의 준비를 마친 후, 고객을 영접하는 접점에서 대기한다. 다음과 같은 요령으로 자세를 취한다.

① 여성의 선 자세 방법

- 턱선은 안쪽으로 살짝 당기고 시선은 정면을 향한다.
- 등과 허리는 일직선으로 세워 굽지 않도록 곧게 세운다.
- 양어깨가 수평을 이루도록 자세를 취하고 두 손은 일자로 가지런히 내려놓는다.
- 다리를 나란히 모아 두 앞발을 15도 정도 벌린다.

- 공수자세의 경우, 남성은 왼손, 여성은 오른손이 위로 가도록 하고 손을 가볍게 모아 자연스럽게 배꼽 아래에 놓는다.

② 남성의 선 자세 방법

- 턱선은 안쪽으로 살짝 당기고 시선은 정면을 향한다.
- 등과 허리는 일직선으로 세워 굽지 않도록 곧게 세운다.
- 양어깨가 수평을 이루도록 자세를 취한다.
- 두 손은 달걀을 쥔 듯 가볍게 말아서 바지 봉제선 옆에 가지런히 놓는다.
- 발은 어깨너비로 벌리고, 앞발은 30도 정도 벌린다.

▲ 대기자세

▲ 남·여 공수자세

(2) 앉는 자세

올바르게 앉는 자세만으로도 자신감 넘치는 모습을 표현할 수 있다. 구부정하게 앉거나 힘없이 어깨를 툭 떨어뜨린 자세는 의욕이 없어 보일 뿐만 아니라, 단정하지 못한 이미지를 준다. 특히 여성이 치마를 착용한 경우, 앉는 자세에 더욱 신경 써야 한다.

① 여성의 앉는 자세 방법

- 의자에 앉기 직전 의자의 위치를 확인하고 치마의 뒷단을 쓸어내리듯 살며시 눌러 앉는다.
- 두 다리를 나란히 붙이고 앞으로 당겨 두 발을 가지런히 모은다.
- 모은 다리는 일직선이 되게 하거나, 15도 정도 사선으로 뻗는다.
- 무릎 위 치마를 가볍게 누르며 살포시 포갠 두 손을 올려놓는다.
- 가슴과 등을 곧게 펴고 시선은 정면을 향하게 한다.
- 의자 등에 기대어 앉지 않도록 주의하며, 약간의 간격을 둔다.

② 남성의 앉는 자세 방법

- 의자에 앉기 직전 의자 위치의 반보 앞에서 한 발을 뒤로 움직여 의자 깊숙이 앉는다.
- 두 발은 허리의 양 끝만큼 벌리고 앉는다.
- 두 손은 달걀을 쥐듯 주먹을 가볍게 쥐고 무릎 위에 자연스럽게 올려놓는다.
- 가슴과 등을 곧게 펴고 시선은 정면을 향하게 한다.
- 의자 등에 기대어 앉지 않도록 주의하며, 약간의 간격을 둔다.

▲ 앉는 자세

(3) 걷는 자세

자신감 있고 당당한 걸음걸이는 상대에게 호감을 줄 수 있다. 안짱걸음이나 구부정한 걸음걸이, 힘없이 축 처진 걸음걸이는 부자연스러워 보이며 타인에게 좋지 않은 인상을 줄 수 있다.

① 걷는 자세 방법

- 등과 허리를 곧게 펴고 두 발끝은 평행이 되게 하며 시선은 정면을 향한다
- 여성의 경우, 무릎 안쪽이 서로 가볍게 스치며 직선으로 걷는다. 남성의 경우, 보폭을 넓게 하여 자신감 있게 걷는다.
- 가슴은 펴고 배는 안으로 밀어 준다.
- 두 팔은 자연스럽게 움직이며 손바닥이 안쪽을 향하도록 한다. 이때 과도하게 움직이지 않도록 유의한다.
- 어깨너비의 보폭으로 걷되, 굽의 높이에 따라 보폭을 조절하여 자연스럽게 걷는다.
- 신발이 닿는 부분은 '발뒤꿈치–발 중앙–발앞꿈치' 순으로 지면에 닿게 걷는다.

▲ 걷는 자세

(4) 안내자세

장소나 사물을 가리킬 때 혹은 고객을 모시고 이동할 때 안내자세를 숙지해야 한다. 안내 시 밝은 표정과 친절한 말투로 고객을 응대해야 하며, 예의를 갖추어 안내하

는 것이 중요하다. 상황과 장소에 따른 안내자세를 학습하고 실전에서 활용할 수 있도록 연습해 보자.

① 방향 안내방법

객실 내에서 승객에게 방향을 안내하는 일은 빈번하다. 좌석을 안내하거나 화장실이나 갤리를 안내할 수도 있다. 가능하다면 고객이 원하는 장소나 사물이 있는 곳까지 안내해 드리는 것이 좋다. 그러나 상황이 여의치 않을 때 정중하고 정확한 행동으로 고객에게 원활한 의사소통이 될 수 있도록 해야 한다. 방향 안내 시 아래와 같은 자세로 안내한다.

- 고객의 안내 요청 시 대기 자세를 유지한다.
- 고객의 눈을 마주 보며 안내할 방향을 향해 손을 뻗는다.
- 한 손은 손가락을 가지런히 모으고 손바닥이 위를 향하도록 하여 방향을 가리키며, 다른 한 손은 아랫배에 자연스럽게 내려놓는다.
- 손바닥이 위를 향하도록 하여 두 손으로 안내할 방향을 가리켜도 무관하다.
- 가슴 부근을 기준으로 팔을 뻗어서 가리킨다.
- 오른쪽 방향은 오른팔을 길게, 왼쪽 방향은 왼팔을 길게 뻗는다.
- 장소나 사물을 안내할 때, 삼점법을 활용하여 안내한다.

삼점법이란?

장소나 사물을 가리킬 때, '상대의 눈-지시 방향-상대의 눈' 순으로 시선을 옮기며 안내하는 방법을 말한다. 삼점법을 활용한 안내 동작은 상대에게 정중한 느낌을 줄 수 있다.

▲ 밝은 미소로 방향을 안내하는 모습

(5) 동행 및 계단 안내자세

① 동행 안내방법

- 고객과 동행하여 보조를 맞추어 안내하는 경우, 고객 바로 앞에 서거나 바로 옆에 서지 않는다.
- 1보 정도 거리를 두고 비스듬히 걸어가며 왼쪽 또는 오른쪽에 서서 안내한다.
- 고객을 안내하는 경우 고객 앞에서 걷고, 수행하는 경우 고객 뒤에서 걷는 것이 좋다.

② 계단 안내방법

- 계단을 오를 때는 고객의 뒤에서, 내려갈 때는 앞에서 걸으며 고객보다 높은 위치에 서지 않도록 한다.
- 고객의 왼쪽 또는 오른쪽으로 2보 정도 비스듬히 서서 걷는다.
- 고객에게 낯선 장소를 안내할 때는 안내자가 앞서 걷는 것을 원칙으로 한다.

- 여성과 남성이 함께 계단을 오를 경우, 계단을 오를 때는 여성은 뒤에서 남성은 앞에서 걷는다.
- 계단을 내려갈 때는 여성이 먼저 내려오고 남성이 그 뒤를 따라 내려온다.

▲ 고객과 동행하며 안내하는 모습

(6) 악수 및 명함 교환 자세

만남의 반가움을 표현하는 인사로 서로 오른손을 마주 잡고 얼굴을 보며 악수한다. 이것은 상대방에 대한 존중의 마음과 친밀함을 표현하는 방법이다. 처음 만나는 사람에게 자신의 소속과 이름, 연락처 등 자신을 소개하기 위해 명함을 전달한다. 악수와 명함을 주고받는 방법을 익히는 것은 사회생활을 위한 기초적인 매너를 갖추는 데 중요하다.

① 악수 방법

악수는 나이, 성별, 직위, 결혼유무에 따라 먼저 요청할 수 있다. 손윗사람이 아랫사람에게, 여성이 남성에게, 사회적 지위가 높은 사람이 낮은 사람에게, 기혼자가 미혼자에게 요청하는 것이 매너이다. 악수하는 요령은 아래와 같다.

- 어깨와 허리를 펴고 바로 선 자세에서 미소를 지으며 상대방을 바라본다.
- 악수는 선 자세에서 오른손으로 하며, 왼손은 배꼽 위치에 가볍게 얹는다.
- 오른손에 적당한 힘을 쥐고 가볍게 2~3회 정도 손을 흔든다.
- 손바닥 전체로 손을 감싸 쥐고 악수한다.
- 손끝을 잡거나, 힘을 무리하게 주어 쥐거나 혹은 힘을 빼거나, 지나치게 많이 흔드는 행위는 지양한다.
- 허리를 지나치게 굽히거나 두 손으로 감싸 악수하지 않는다.

▲ 정중하게 악수하는 모습

② 명함 교환 방법

명함 매너는 나를 소개하는 가장 간단한 방법이면서 동시에 나의 첫인상을 좌우하는 중요한 매너이다. 비즈니스의 초대면에서 서로 명함을 건네기 때문에 명함 매너를 익혀야 한다. 명함을 주고받을 때는 상대방 그 자체로 생각하여 중요하게 취급해야 하고, 조심스럽게 교환하는 것이 상대방을 존중하는 자세이다.

- 명함은 명함케이스에 따로 보관하여 구겨지지 않도록 한다.
- 명함을 건넬 때는 간단한 자기소개와 함께 소속을 밝힌다.
- 명함의 양 끝을 잡고 손가락이 글자를 가리지 않도록 하여 공손하게 전달한다.
- 상대방이 읽을 수 있는 방향으로 가슴 높이에서 전달한다.
- 동시에 명함을 교환할 시, 오른손으로 건네고 왼손으로 받는다.
- 명함은 손아랫사람, 연령이 낮은 사람, 직위가 낮은 사람이 먼저 건네는 것이 일반적이다.
- 명함을 전달받은 사람은 명함을 2~3초가량 바라보고 테이블 위에 반듯하게 올려 둔다.
- 받은 명함은 조심스럽게 다루며 명함 위에 글자를 적거나 구기지 않도록 주의한다.
- 간혹 명함이 다 떨어진 경우는 정중히 사과드리고 문자나 이메일로 발송한다.

▲ 명함을 주는 모습

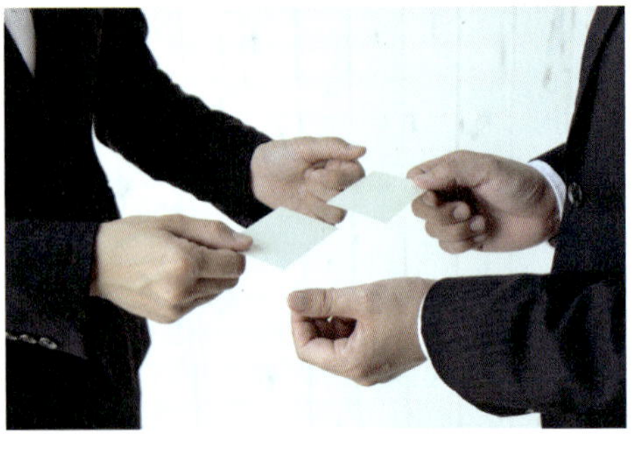

▲ 동시에 명함을 주고받는 모습

▲ 명함지갑에 받쳐서 정중하게 명함을 건네는 모습

3) 인사 자세

(1) 인사의 의미

인사는 상대에게 예를 표하는 가장 기본적인 행동이다. 안부를 묻는 수단이며 상대방을 섬기고 배려한다는 의미를 담고 있다. 인사는 시간과 장소를 가리지 않고 표현할 수 있는 예의로써 인간관계의 시작이기도 하다.

인사는 정성 어린 마음을 담아 정중하게 해야 한다. 정성 어린 마음을 표현하기 위해 밝은 표정과 상냥한 말투는 기본이다. 인사는 짧은 순간 이루어지기 때문에 적기에 이루어질 수 있도록 해야 한다. 상대가 나에게 먼저 인사하기를 기다리다가 적절한 시기를 놓칠 수 있기 때문이다. 쭈뼛거리며 인사한다면 억지로 하는 듯한 인상을 줄 수 있어 자신감 있게 표현하는 것이 좋다.

인사말은 다양하게 사용한다. '안녕하십니까?', '잘 지내셨습니까?', '반갑습니다', '좋은 아침입니다', '좋은 저녁 보내십시오' 등 장소와 상황에 맞게 자연스럽게 사용할 수 있도록 습관화해야 한다.

① 인사법

인사말과 더불어 인사방법 또한 중요하다. 올바른 인사법과 올바르지 못한 인사법을 살펴보자.

올바르지 못한 인사법 vs 올바른 인사법

올바르지 못한 인사법	올바른 인사법
표정 없이 하는 인사	밝은 표정으로 하는 인사
말없이 고개만 끄덕이는 인사	명랑한 목소리로 하는 인사
산만하게 뛰면서 하는 인사	잠시 멈추고 정중히 하는 인사
눈맞춤 없이 퉁명스럽게 하는 인사	상대방의 시선을 바라보며 밝은 목소리로 하는 인사

② 스몰토크(Small talk)

어색한 분위기를 깨고 상대와 심리적으로 가까워지기 위해 가벼운 주제로 짧게 대화를 나누는 것을 '스몰토크(small talk)'라고 한다. 고객과 처음 마주할 때, 인사와 함께 날씨나 드라마 등의 비교적 가벼운 주제로 이야기를 나누며 편안한 분위기를 조성한다. 또한 인사말과 함께 상대를 장점을 이야기하며 칭찬하는 방법도 분위기를 즐겁고 유쾌하게 만들 수 있다. 상대의 패션이나 취향 등 특별한 면모를 찾아내어 스몰토크의 소재로 삼아 보자. 다만 상대의 외모에 집중된 칭찬이나 억지 칭찬은 하지 않는 것이 좋다.

연습해 봅시다

대화 주제	스몰토크를 활용한 인사말
날씨	반갑습니다. ( )
패션 칭찬하기	안녕하십니까? ( )
교통편 묻기	환영합니다. ( )

(2) 인사의 종류

마음의 전달 정도나 상황에 따라 인사법이 달라질 수 있다. 고객을 맞이할 때의 환영, 환송인사, 좁은 공간에서 마주쳤을 때 하는 인사, VIP 영접을 위한 인사 등으로 분류된다. 따라서 장소와 상황에 맞는 올바른 인사법을 익혀 실전에서 활용할 수 있도록 연습해 보자.

① 목례

목례는 협소한 공간에서 마주치는 경우 상체를 15도 정도 숙여서 하는 인사법이다. 좁은 통로나 복도, 화장실, 엘리베이터 등에서 만나거나, 친한 지인이나 동료, 손아랫사람, 일반적인 고객응대 시에 실시할 수 있다.

- 친한 지인이나 동료와 마주치는 경우
- 손아랫사람에게 인사하는 경우
- 협소한 공간에서 마주치는 경우
- 대화의 시작과 끝에 인사하는 경우

② 보통례

보통례는 가장 기본이 되는 인사로써 상체를 30도 숙여 2~3초 정도 유지한 후 천천히 몸을 일으키는 인사법이다. 고객을 영접할 때 일반적으로 보통례를 한다.

- 고객을 환영하거나 환송하는 경우
- 직장 상사나 웃어른을 만난 경우
- 일반적으로 만나고 헤어지는 경우

③ 정중례

정중하게 예를 갖추는 인사법으로 상체를 45도 정도 숙여 2~3초 정도 유지한 후 천천히 일으킨다.

- 깊은 감사를 표현하는 경우
- 정중한 사과를 하는 경우
- VIP, 직위가 높은 분, 존경하는 분을 맞이하는 경우

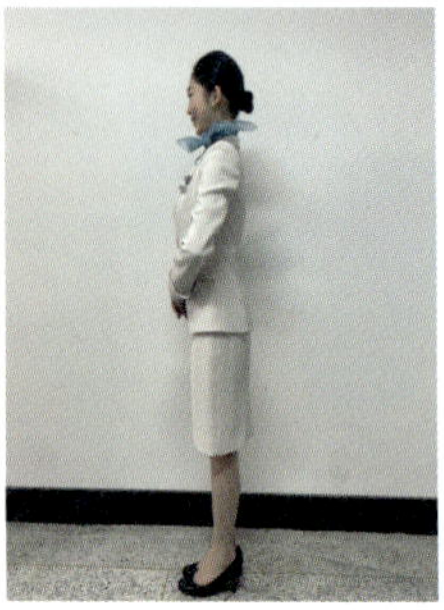

▲ 선자세

▲ 목례

▲ 보통례

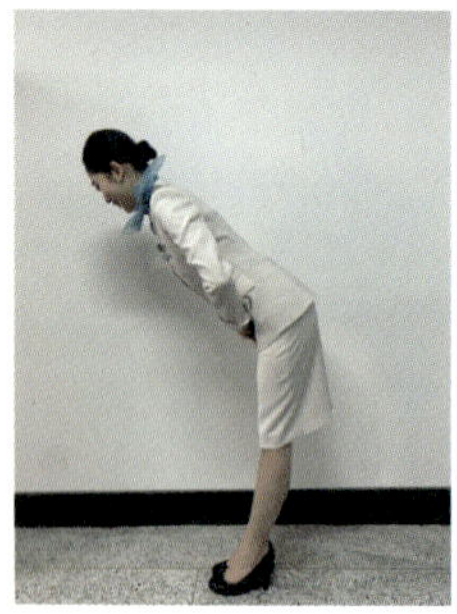

▲ 정중례

4) 네티켓

네티켓(Netiquette)이란 네트워크(Network)와 에티켓(Etiquette)의 합성어이다. 네티켓은 네트워크로 연결된 가상공간 속에서 지켜야 하는 매너와 자세를 말한다. 가상공간은 표현의 자유와 권리를 가지고, 시공간에 구애받지 않고 자신의 의견을 주장할 수 있는 순기능적인 측면도 강하다. 그러나 자유와 권리 이면에 책임과 의무를 경시하여 나타나는 역기능적인 측면도 만만치 않다. 익명이라는 가면을 쓰고 가상공간을 무질서하게 만들고 사이버 범죄를 저지르는 일이 빈번하게 발생하고 있다. 따라서

건강하고 건전한 통신 환경을 조성하기 위해 네티켓을 지키는 자세와 마음가짐이 중요하다.

① SNS 및 가상공간에서 지켜야 할 네티켓

- 업무적인 관계에서 자신의 신분을 감추거나 속이는 행위는 삼간다.
- 대화에서 민감할 수 있는 정치, 경제, 종교 등의 주제는 가급적 삼간다.
- 상대방에게 불쾌감을 줄 수 있는 언행은 하지 않는다.
- 대화를 나눌 때는 간결하고 명확하게 하며 상대방을 존중한다.
- 글로 자신의 의견을 밝힐 때는 문법에 맞는 바른 표현과 맞춤법을 사용한다.
- 글은 짧고 명확하게 작성한다.
- 약속 시간을 준수하고, 입·퇴장 시 인사한다.

▲ 네트워크를 통한 가상현실

② 이메일 네티켓

이메일은 상대방의 안부를 묻거나, 문의, 정보전달 등의 역할을 한다. 이메일의 제목과 내용이 일치하여야 하고 용건은 짧고 명확하게 전달한다. 이메일을 발송할 때 수신자의 주소를 정확하게 확인하여야 하고, 수신한 메일의 경우 24시간 이내에 빠르게 회신하는 것이 매너이다. 이메일을 작성 시 제목만 작성하여 내용 없이 발송하거나, 제목 없이 내용만 작성하여 발송해서는 안 된다.

학교 및 직장생활에서 올바른 네티켓 자세를 갖추기 위해 작성방법을 학습해 보자.

● 이메일 제목

이메일 제목은 본문의 목적을 명확하게 인식할 수 있도록 작성한다. 제목만 보더라도 발신자의 의도가 무엇인지 알 수 있도록 해야 한다.

잘못된 제목의 예시	올바른 제목의 예시
이미지 메이킹 김항공 과제물	이미지 메이킹 10주차 과제 제출_항공과 김항공
매출자료요청	2021년 10월 3주차 매출 자료 요청

● 이메일 본문

이메일의 본문은 핵심 내용을 정확하고 간결하게 작성해야 한다. 본문의 서두에 인적사항을 상세히 알리는 것은 기본적인 예의이고, 그렇게 해야 빠른 답변을 받을 수 있다. 이메일 본문에서는 상대방에게 인사말을 건네고 바로 본론으로 들어가는 것이 중요하다. 장황하게 글을 적는 것보다 글머리 기호를 활용하여 핵심내용을 정확하게 표현해 주는 것도 좋다.

이메일 본문	
서두	안녕하십니까, 교수님 저는 매주 수요일 이미지 메이킹 수업을 듣는 항공과 김항공이라고 합니다.
본문	이번 주 부과해 주신 10주차 과제를 기한 내에 완수하지 못하여 추가 제출을 하였습니다. 중요한 가족 여행 일정으로 인해 인터넷 사용이 어려웠던 점 양해 부탁드립니다. 향후 이런 일이 발생하지 않도록 교수님께 사전에 상황을 말씀드리겠습니다.

● 이메일 끝맺음

이메일의 끝맺음은 감사 인사나 날씨 등과 같은 가벼운 대화로 자연스럽게 마무리하는 것이 좋다. 글의 마지막에는 '○○○ 드림', '○○○ 올림', '○○○ 배상' 등을 적고 마무리한다. 상대방에게 급하게 회신을 받아야 하는 경우 연락처를 남기기도 한다. 전화나 문자를 이용해 용건을 전달하는 경우 이른 아침(보통 10시 이전), 늦은 저녁(보통 9시 이후)은 가급적 피하고, 이메일을 활용하는 것이 좋다.

드림, 올림, 배상의 의미

- **드림:** 동년배나 아랫사람에게 예를 갖출 때 주로 사용하거나, 나이와 직위 등을 분명히 알지 못하는 경우에 사용함
- **올림:** 배상의 순우리말로 윗사람에게 예를 갖출 때 주로 사용함
- **배상:** 한자어로 절하며 올린다는 뜻의 정중한 표현으로 극존칭의 높임말임

● 끝맺음 예시

이메일 끝맺음
아침, 저녁으로 일교차가 심합니다. 건강에 유의하시기 바라며, 안녕히 계십시오. 김항공 올림

③ 문자 에티켓

문자예절은 그 사람의 품격과 인격을 나타낸다. 문자를 보낼 때는 인사말과 함께 발신자를 밝히고, 전달하고자 하는 바를 정확하게 전달한다. 문자를 보낼 때는 시기와 시간이 적절한지 확인해야 한다. 오전 9시 이전 또는 오후 10시 이후는 가급적 문자하지 않는 것이 좋다. 문자를 수신한 경우, 상대가 기다리지 않도록 최대한 빠르게 답장한다. 문자를 주고받을 수 없는 상황이라면, 연락이 가능한 시간을 사전에 고지하는 것이 좋다.

문자 예시
안녕하십니까? 저는 항공과 A반 김항공입니다. 다름이 아니라, 10주차 출석이 반영되지 않아 연락드렸습니다. 바쁘시겠지만 확인을 부탁드립니다. 감사합니다.

Chapter 05

컬러 이미지 메이킹

1) 퍼스널 컬러의 개념

자신에게 잘 어울리는 색을 알고 그에 맞게 연출하는 것은 성공적인 이미지 메이킹을 위한 중요한 도구 중 하나이다. 퍼스널 컬러는 개인이 가진 머리카락, 눈동자, 피부와 같은 신체적 요소를 기준으로 그에 맞는 색채 조화 및 조합을 긍정적으로 연출하는 것을 의미한다. 또한 퍼스널 컬러는 개인이 가진 선천적인 신체 색을 바탕으로 색상, 명도, 채도 등의 색채 요소를 통한 이미지 연출의 적용을 의미한다.

퍼스널 컬러는 20세기 초 독일의 교수이자 스위스 화가였던 요하네스 이텐(Johannes Itten)이 처음 정립하였다. 그는 피부와 머리카락 색에 따라 특정 색들을 사용했을 때 초상화가 훨씬 나아 보임을 발견하였다. 그 이후 많은 색채 학자 및 이론가들에 의해 퍼스널 컬러의 연구가 지속되어 왔다.

퍼스널 컬러는 개인의 특성에 따라 어울리는 색상을 규명하고 이를 통해 의복, 메이크업, 액세서리 등의 연출에 활용하며 개인의 이미지 개선에 도움을 준다.

▲ 다양한 컬러 진단 도구

2) 퍼스널 컬러의 중요성

(1) 퍼스널 컬러는 이미지 개선의 도구이다

퍼스널 컬러는 개인의 이미지 연출을 위해 개인이 가지고 있는 타고난 신체 컬러를 분석하고 그에 맞는 조화로움을 추구한다. 피부색, 눈동자 색, 머리카락 색을 분석하고 이와 잘 어울리는 색과 패턴, 질감을 찾아가는 데 그 목적을 둔다. 이를 통해 개인이 가진 본연의 이미지를 개선시키는 데 효과가 있다.

(2) 퍼스널 컬러는 자신감과 안정감을 부여한다

퍼스널 컬러를 통한 이미지 메이킹으로 개인에게 자신감을 부여한다. 또한 심미적으로 개인에게 어울리는 조화로운 컬러 사용을 통해 타인에게 안정감을 느끼게 한다. 이처럼 퍼스널 컬러를 이용한 이미지 메이킹은 심미적 요인의 개선과 함께 자신감을 갖게 하여 자신의 장점을 개발할 수 있는 기회를 제공한다.

(3) 퍼스널 컬러는 개인의 개성을 나타낸다

퍼스널 컬러는 개인의 장점을 극대화하고 단점을 보안하여 개인이 가진 고유한 특성을 아름답게 표현한다. 퍼스널 컬러 진단 시 개인이 본래 가진 피부, 머리카락, 눈동자 등 신체 색을 중시하며 이를 바탕으로 드레이프 천을 통해 개인의 특징과 장점을 살릴 수 있는 컬러와 질감을 찾아가는 형식으로 진단이 이루어진다.

3) 퍼스널 컬러의 분류

퍼스널 컬러는 크게 두 가지로, 피부톤에 따른 컬러와 사계절 컬러로 구성된다.

(1) Tone

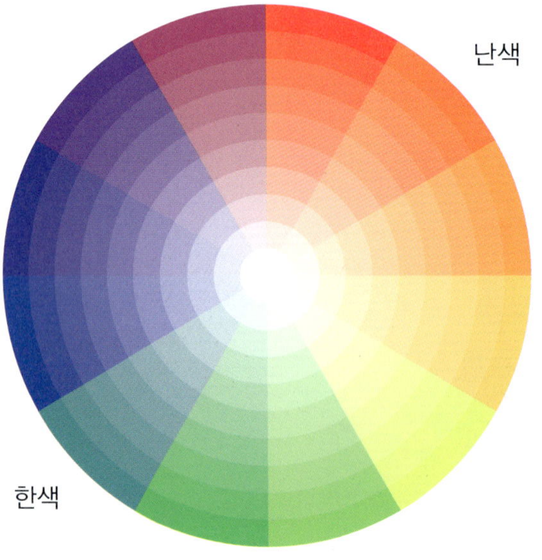

▲ 색상환도

원형의 무지개 색상환은 크게 따뜻한 난색과 차가운 한색으로 구분된다. 이는 퍼스널 컬러에서 노란색을 기본색으로 하는 Warm tone, 파란색을 기본색으로 하는 Cool tone, 그리고 두 가지 특징을 모두 지닌 중립적인 Neutral tone으로 나눌 수 있다.

Tone 진단은 개인이 지닌 본래 신체 색과 빛을 통해 미묘한 색감의 차이로 구분한다. 이 작업을 통해 본인에게 맞는 Tone을 알고 컬러를 연출하면 자연스럽게 자신의 장점을 살릴 수 있다.

(2) 사계절 컬러(Four seasons color)

사계절 컬러는 계절이 가지는 고유한 컬러이미지에 비유하여 신체 색을 분류하는 방법으로 독일의 요하네스 이텐에 의해 발현되었다.

사계절 컬러 분류는 봄, 여름, 가을, 겨울 이 4가지 계절이 가지는 고유한 컬러감과 계절이 주는 심상적인 이미지와 질감으로 구분하며 이는 각 개인이 가진 고유한 피부색, 눈동자 색, 머리카락 색과 이들이 주는 조화로운 이미지를 통해 구분된다. 봄과 가을 컬러는 노란빛, 여름과 가을 컬러는 파란빛을 기본 색으로 지닌다. 그리하여 사계절 컬러 중 봄과 가을은 따뜻한 색(Warm Color), 여름과 겨울은 차가운 색(Cool Color)으로 구분한다.

① Spring = Yellow + White

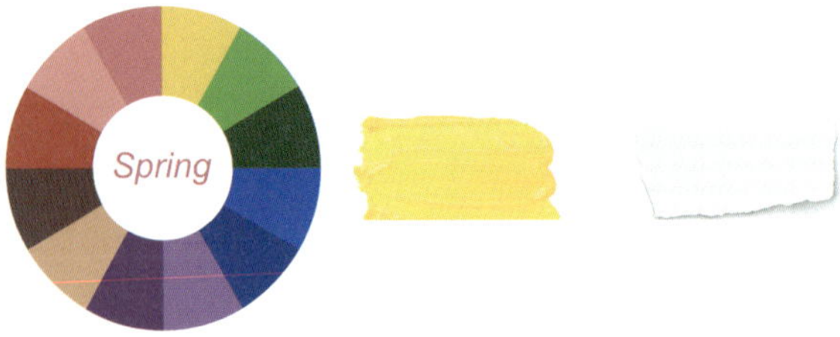

▲ "따뜻하고 화창한 봄날"

봄의 컬러는 봄의 밝은 햇살과 생기 넘치는 계절감에 비유되어 선명함, 밝음, 또렷한 특징을 지닌 색감으로 구성된다. 봄 컬러는 노란색을 기본으로 한 따뜻한 계열(Warm color)의 색으로 분류된다. 봄 컬러는 또렷한 색감과 화려한 패턴이 잘 어울리는 생기발랄한 이미지를 가진다. 대표적인 컬러에는 코랄 오렌지, 코발트 등이 있다. 봄타입의 머리카락과 눈동자 색은 밝은 갈색을 띠며 윤기가 나고 얇은 것이 특징이다.

② Summer = Blue + Gray + White

▲ "흐리고 안개가 낀 여름비가 내리는 날"

한 여름 강한 햇볕과 자주 내리는 비로 햇빛에 바랜 듯한 색과 물기를 품은 색감들로 구성된다. 여름 컬러는 파란색을 기본으로 한 차가운 계열(Cool color)의 색으로 분류된다. 여름의 이미지는 색감이 주는 느낌처럼 우아하고 부드러우며 은은한 기품이 느껴지는 이미지로 희고 붉은 빛이 도는 피부색과 밝은 갈색과 어두운 회갈색의 건조하고 가는 머리카락을 지닌다. 그리고 눈동자 색도 부드러운 갈색이나 회갈색의 특징을 가진다.

③ Autumn= Yellow +Gray + Black

▲ "낙엽이 떨어지는 가을 오후"

가을타입의 컬러는 따뜻하고 부드러운 가을 햇살과 짙은 색으로 변해 가는 계절감을 반영한 컬러들로 구성된다. 가을 컬러는 노란색을 기본으로 한 따뜻한 계열(Warm color)의 색으로 분류된다. 오렌지 핑크, 카키, 골드, 크림, 카페라떼, 에스프레소 등의 컬러가 대표적이다.

가을타입은 부드러운 이미지로 편안함과 지적인 매력을 지닌다. 가을타입의 피부는 노란 톤을 가지고 있으며 얼굴에 혈색이 없는 느낌을 준다.

④ Winter = Blue + White + Black

▲ "춥고 눈이 내리는 겨울밤"

겨울타입의 컬러는 춥고 밤이 긴 겨울을 반영한 컬러들로 구성된다. 겨울 컬러는 파랑색을 기본으로 한 차가운 계열(Cool color)의 색으로 분류된다. 겨울 컬러는 흰색과 검은색이 섞여 깊고 진한 색들로 이루어지며 마젠타핑크, 퍼플, 사파이어, 와인, 블랙 등의 컬러가 대표적이다. 겨울타입은 차갑고 선명한 이미지로 카리스마와 도시적인 매력을 지닌다. 피부색은 희고 눈동자는 검고 또렷한 느낌을 준다.

4) 퍼스널 컬러의 진단

(1) 퍼스널 컬러 진단 과정

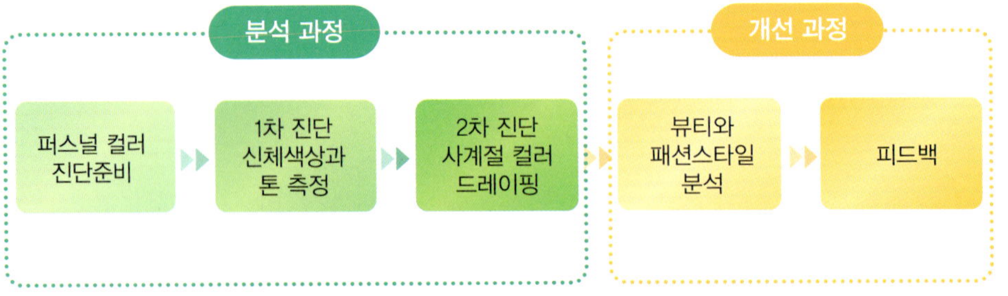

퍼스널 컬러 진단은 크게 두 가지로, 컬러진단을 포함한 분석 과정과 분석 결과를 통한 이미지 개선과정으로 구성된다.

먼저 퍼스널컬러 진단을 위한 준비 단계이다. 개인이 가진 고유한 신체 특성과 색감이 잘 나타나도록 환경을 조성한다.

1차 진단은 고유한 신체 색상과 피부 톤을 육안으로 측정하여 따뜻한 유형과 차가운 유형으로 구분한다.

2차 진단은 사계절 컬러 드레이핑으로 다양한 컬러와 질감을 지닌 천을 이용하여 사계절 유형을 구분한다.

이러한 진단이 끝나면 진단 결과를 토대로 피진단자의 장점을 살리고 단점을 보완할 수 있는 다양한 뷰티와 패션 제안으로 이미지 개선을 시도한다.

① Tone 진단

얼굴 피부, 모발, 눈동자, 두피, 손목 안쪽 핏줄이 비치는 색을 통해 기본적으로 Warm tone과 Cool tone을 구분한다.

▲ 피부톤 진단 체크리스트

아래 체크리스트를 통해 자신이 가진 톤을 진단할 수 있다. 웜톤과 쿨톤 중 해당되는 항목이 더 많은 영역을 알아보자.

피부톤 자가진단 체크리스트

Warm tone

- □ 얼굴 전체 피부에 노란기가 많다.
- □ 머리카락 색은 금색이나 노란빛을 가진다.
- □ 두피의 색은 노란기나 황색 빛에 가깝다.
- □ 눈동자 색은 금색이나 갈색을 품고 있다.
- □ 립 컬러는 오렌지 계열이 잘 어울리는 편이다.
- □ 손목 안쪽 피부 색은 노란기에 가깝다.

Cool tone

- □ 얼굴 전체 피부에 붉은 기가 많다.
- □ 머리카락 색은 검정이나 회색 빛을 가진다.
- □ 두피의 색은 하얗고 푸른 빛에 가깝다.
- □ 눈동자 색은 은색이나 검정색을 품고 있다.
- □ 립 컬러는 핑크 계열이 잘 어울리는 편이다.
- □ 손목 안쪽 피부 색은 희고 푸른 빛에 가깝다.

피부톤의 특징

Warm tone	Cool tone
• **피부:** 노란기가 많고 갈색 빛이 도는 피부 • **입술:** 오렌지컬러 립이 잘 어울리는 피부 • **모발:** 갈색과 금색, 노란 빛을 띠는 모발 • **홍채:** 금색 빛의 갈색 눈동자, 검정빛의 갈색 눈동자 • **두피:** 노란기가 있는 황색 빛 두피 • **손목 안쪽:** 핏줄과 피부가 띄는 색깔이 노르스름하거나 갈색 빛이 도는 피부	• **피부:** 붉은 기가 많고 핑크 빛이 도는 피부 • **입술:** 핑크컬러 립이 잘 어울리는 피부 • **모발:** 회색 빛이 도는 갈색과 검정 모발 • **홍채:** 은색 빛이 도는 갈색, 진회색, 검정 눈동자 • **두피:** 흰빛, 푸른빛이 도는 두피 • **손목 안쪽:** 핏줄과 피부가 띄는 색깔이 푸르고 흰빛이 도는 피부

② 사계절 컬러 진단

- 드레이프 천이나 색지를 얼굴 아래에 두고 피부색, 이목구비의 선명함, 팔자주름 정도 등을 체크한다.
- 색의 명도, 채도, 질감 모두를 적용하여 자신에게 어울리는 컬러를 찾는다.
- 얼굴색이 더 환해지고 이목구비가 또렷하게 잘 보이며 얼굴에 그늘이나 음영이 생기지 않는 컬러가 잘 어울리는 컬러로 자신에게 어울리는 색을 가려낸다.
- 개인이 가진 고유한 특성에 따라 진단 결과는 한 가지 이상의 계절 컬러에 포함될 수 있다.

▲ 사계절 컬러 드레이핑 진단

5) 퍼스널 컬러의 적용

(1) TONE

톤 진단을 통해 개인에게 맞는 색조 화장품을 선택할 수 있으며, 의상과 악세서리 등에 적용시켜 개인이 가진 고유한 매력과 장점을 극대화한다.

① Warm tone

- 옐로우 베이스의 파운데이션과 베이스제품을 사용한다.
- 립컬러는 오렌지 베이스의 컬러를 사용한다.
- 액세서리는 골드나 로즈골드 계열이 어울리며 난색계열의 액세서리로 포인트를 주는 것이 좋다.

② Cool tone

- 핑크 베이스의 파운데이션과 베이스제품을 사용한다.
- 립컬러는 핑크베이스의 컬러를 사용한다.
- 액세서리는 실버나 화이트골드, 스와브로스키, 다이아와 같은 반짝임이 있는 액세서리로 포인트를 주는 것이 좋다. 컬러감이 있는 액세서리는 한색계열을 추천한다.

(2) 사계절타입

① 봄(Spring)

▲ 봄 컬러 특징

키워드	Bright, Pretty, Sweet, Cute, Unique, Active
이미지 특징	밝은 인상과 활기찬 매력을 지니며 주변을 밝고 생기 있게 만들어 인기가 많은 유형
색	밝은 원색 계열, 선명하고 밝은 색 Orange red, Aqua blue, Yellow-green 등
옷	원색의 니트나 원피스, 화려한 플라워 패턴의 의상, 작은 구상무늬로 이루어진 셔츠나 원피스
액세서리	골드, 펑키한 디자인이나 작은 크기의 귀여운 스타일
메이크업	깨끗하고 밝은 색상의 색조를 선택하고 촉촉하고 윤기 있는 피부표현과 의상에 맞는 무드로 표현

② 여름(Summer)

▲ 여름 컬러 특징

키워드	Grace, Elegant, Cool, Feminine, Soft
이미지 특징	여성스럽고 산뜻한 우아함을 지니며 깨끗한 느낌을 주는 유형
색	우아하고 부드러운 파스텔 톤의 색 White, Rose pink, Lavender, Rose gray, Smoky blue 등
옷	시폰, 레이스, 텐셀과 같이 여성스럽고 우아한 느낌의 의상, 파스텔 톤이나 아이보리 컬러의 레이스 블라우스나 원피스 등
액세서리	진주, 실버, 물방울 모양의 액세서리
메이크업	본래 가진 피부의 화사함을 밝히는 메이크업으로 탁하고 진한 색조는 피하며 투명하게 표현

③ 가을(Autumn)

▲ 가을 컬러 특징

키워드	Classic, Natural, Ethnic, Chic
이미지 특징	차분하고 깊이가 있으며 자연스러운 세련미가 돋보이는 이미지로 자연스러움에서 베어 나오는 아름다움을 지닌 유형
색	가을의 계절감에 맞는 성숙하고 깊이가 있으며 차분한 색상 Khaki, Brown 계열, Beige, Moss grey 등
옷	차분하며 정돈된 느낌을 주는 린넨 소재의 자켓, 레더자켓, 가을컬러로 이루어진 니트류
액세서리	브론즈와 같이 반짝임이 적으며 모양으로 특징을 줄 수 있는 액세서리
메이크업	색조를 다양하게 쓰기보다 비슷한 색상을 혼합하여 미묘한 톤의 차이로 깊이감을 주며 글로시한 표현보다 매트한 질감으로 표현

④ 겨울(Winter)

▲ 겨울 컬러 특징

키워드	Simple, Modern, Formal, Mannish
이미지 특징	도시적이고 강렬하며 선명한 이미지로 선명하고 도시적인 매력을 지닌 유형
색	강한 존재감과 무게감을 주는 색상 Snow white, Black, Charcoal, Deep blue 등
옷	블랙, 딥네이비, 화이트 컬러의 절제된 디자인으로 이루어진 의상, 절제된 블랙 자켓, 힘 있는 소재의 흰 셔츠, 라인감이 뚜렷한 원피스 등
액세서리	크리스털, 백금, 색감이 뚜렷하고 크기와 모양이 뚜렷한 액세서리
메이크업	색조가 많이 들어간 메이크업은 자칫 촌스러워 보이며 이목구비의 장점을 살려 주는 원포인트(One point) 메이크업으로 표현

Chapter 06

헤어 이미지 메이킹

1) 항공사 승무원 헤어스타일 연출의 중요성

승무원의 우수한 헤어스타일 스타일은 심미적으로 깔끔하고 우아한 이미지를 전달한다. 또한 승무원의 헤어스타일은 항공사 승무원이 가진 고유한 직업 전문성을 상징하는 중요한 요소이다. 이처럼 승무원의 올바른 헤어스타일은 항공사와 승무원 직무에 대한 상징을 나타내는 중요한 요인으로 헤어스타일을 우수하게 연출하기 위해서는 많은 연습과 자신에게 맞는 스타일 연구가 필요하다. 또한 평소 두피 건강을 위한 깨끗한 클렌징과 두피 관리에도 주의를 기울여야 한다.

▲ 올바른 승무원 헤어 연출

2) 항공사 여승무원의 헤어스타일 연출법

승무원 헤어스타일은 여승무원의 경우 올림머리, 프렌치트위스트, 보브 스타일 등이 있다. 국내항공사 FSC 기준으로 여승무원은 쪽머리 스타일의 올림머리를 연출하도록 규정되어 있다. 반면에 최근 LCC 항공사들의 용모규정 완화로 포니테일이나 드라이 작업을 한 긴 머리도 가능하다. 그러나 규정의 변화는 완전한 개성추구가 아닌 개인의 아름다움을 더 극대화하며 업무의 효율을 높이기 위함이므로 이 의도를 잘 파악하는 것이 중요하다. 승무원다운 헤어스타일 연출을 위하여 긴머리는 Step 1, 2로 구분하여 살펴보고, 짧은 머리는 보브 스타일로 구분하여 살펴보자.

여승무원 헤어스타일링 가이드

① 모근의 방향

빗질로 머리카락의 방향을 뒤로 바꿔 주기

② 가르마와 볼륨의 방향

내 두상과 이미지에 맞는 가르마와 볼륨 찾기

③ 길이와 레이어

한 번에 묶일 수 있도록 적당한 길이와 헤어 컷을 통한 레이어를 만들기

④ 헤어 컬러

- 흑색, 진한 갈색 정도의 컬러를 유지하기
- 붉은 기와 노란기가 많은 염색모는 머리를 묶었을 때 모근의 본래 헤어컬러와 차이를 만들어 깔끔하지 못하니 주의하기

(1) FSC Hair-do(Full Service Carrier)

준비물

실빗, 드라이기, 헤어롤, 고무줄, 미세망, 실핀, U핀, 스프레이

step 1 포니테일

❶ 머리를 잘 빗어 준다. 이때 머리의 가르마 방향을 잡아 준다.

❷ 실빗으로 머리를 촘촘하고 깨끗하게 빗어 머리 형태를 잡는다. 이때 정수리 부분도 빗질이 잘 될 수 있도록 한다.

❸ 고무줄을 이용하여 머리를 단단하게 묶는다. 머리가 단단하게 묶여야 번이 잘 말아지기 때문에 두피 가까이 단단하게 묶어 준다.

❹ 앞부분에 볼륨을 넣어 스프레이로 고정해 준다.

❺ 가르마를 고려하여 잘 고정시킨 후 묶어 준 후 전체적으로 스프레이를 뿌려 고정한다.

❻ 포니테일 연출을 위해 묶인 머리를 C컬이나 S컬로 정리한다.

❼ 포니테일 완성

step 2 번 말기

❽ 미세망으로 머리를 감아 준다. 이때, 번을 돌릴 방향과 같은 방향으로 미세망을 감아준다.

❾ 손으로 잘 고정한 후 머리를 힘 있게 말아 준다.

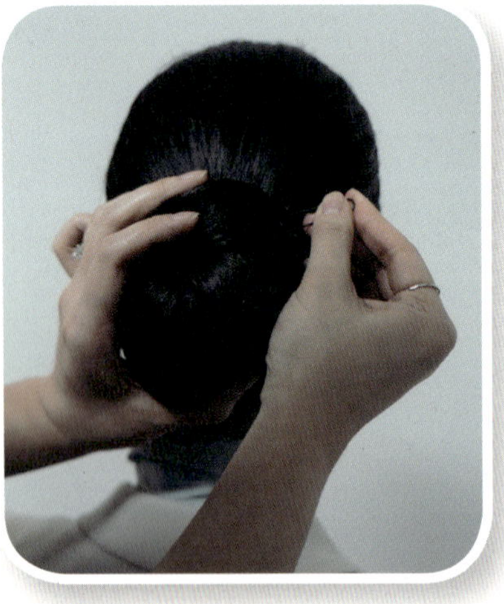

❿ 번을 뒤통수에 눌러 모양을 만든 후 U핀을 ㄱ모양으로 꽂아 준다.

⓫ 귀 옆과 목선의 잔머리는 실핀으로 고정 후 스프레이로 마무리한다.

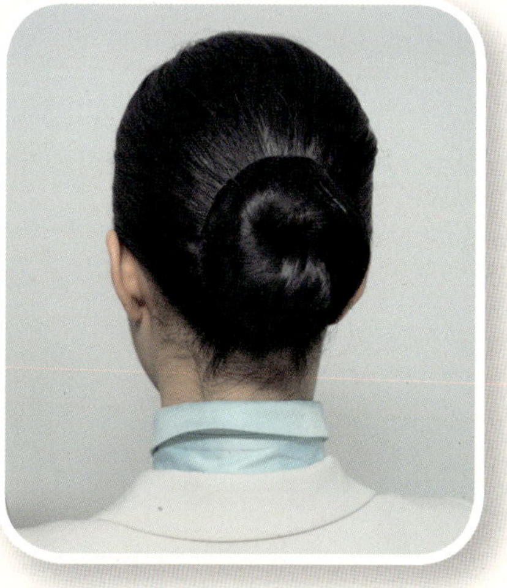 

⑫ 완성

헤어라인 만들기

- 이마와 두상이 모두 드러나는 헤어스타일로서 헤어라인의 연출이 필요하다.
- 헤어섀도우나 헤어쿠션을 사용하여 자연스러운 헤어라인 연출이 가능하다.

(2) 보브 스타일 연출

보브 스타일은 단발스타일로 깔끔한 헤어 컷과 드라이 과정이 필요하다. 보브 스타일 연출 시 장거리 비행에서도 헤어스타일이 유지될 수 있도록 모발 전체의 힘 있는 드라이 연출이 필요하며 스프레이로 고정하여 지속력을 높인다. 그리고 헤어 길이는 블라우스 깃을 넘지 않도록 기장을 유지한다.

❶ 머리 뿌리의 볼륨을 살리고 머리 전체의 단정함을 유지하도록 섹션을 나누어 드라이를 한다.

❷ 앞머리가 있는 경우 마찬가지로 깔끔하게 드라이하며, 머리가 흘러내리지 않도록 앞머리를 잘 고정한다.

❸ 헤어 길이는 블라우스 깃에 닿지 않도록 기장을 유지한다.

❹ 완성

(3) LCC Hair-do(Low Cost Carrier)

① LCC Hair-do 규정

최근 국내 저가항공사는 용모복장기준 완화를 통해 승무원들의 업무 환경 개선과 직무 효율을 높이고자 하는 추세이다.

변화된 헤어스타일은 크게 3가지로 펌 허용, 염색 허용, 긴 머리 스타일링 허용이다.

그러나 승무원은 기본적으로 승객의 안전을 지키고 식음료 제공을 통한 고품질의 서비스 업무를 수행한다. 그러므로 위와 같은 완화된 용모규정을 올바르게 이해하고 자신의 개성만을 표현하는 것보다 심미적인 아름다움과 직업의 전문성을 함께 전달할 수 있는 스타일링이 될 수 있도록 연출하는 자세가 필요하다.

② LCC Hair-do

- 로우 포니테일(Low Ponytail)

기존 승무원의 올림머리 연출처럼 헤어스타일을 전체적으로 정리한 후 미세망으로 번을 말지 않은 상태를 로우 포니테일이라 한다.

항공사 면접 시 로우 포니테일 스타일로 면접을 볼 수 있으며, 다수의 LCC 항공사의 여승무원 헤어스타일 규정으로 로우 포니테일 스타일을 허용하고 있다.

로우 포니테일 연출 시

- **머리의 길이가 가슴 선을 넘지 않는 것이 좋다**: 식음료 서비스에 청결함이 유지될 수 있는 길이로 유지한다.
- **묶은 머리에 컬링을 준다**: 묶은 머리에 컬링을 주는 것이 세련되며 우아한 느낌을 준다.
- **헤어 컬러를 균일하게 한다**: 로우 포니테일은 전체적 헤어컬러가 드러나는 스타일로 염색모나 탈색모의 방치로 헤어컬러에 차이가 발생하지 않도록 관리한다.

3) 항공사 남승무원의 헤어스타일 연출법

(1) 남승무원의 헤어스타일링의 중요성

현재 국내항공사의 남자승무원 비율은 전체 인원의 20%를 차지하고 있으며 점점 그 비율을 늘리고 있는 추세이다. 그리하여 남승무원 또한 항공사의 항공사 채용 면접 시 여승무원 채용과 동일하게 항공사에 적합한 이미지를 갖추는 것이 필수 조건이 되었다.

남승무원의 이미지 키워드는 호감과 신뢰감이다.

이러한 남승무원 연출을 위해 단정한 헤어스타일 연출은 매우 중요하다. 남승무원의 헤어스타일링은 이미지 변화를 위한 가장 빠르고 확실한 방법이다. 그렇기 때문에 여승무원과 동일하게 남승무원의 단정하며 세련된 헤어스타일은 직업에 대한 상징성을 가지고 승객에게 호감과 전문성을 느끼게 하는 중요한 요소로 작용한다.

국내 항공사 남승무원의 헤어스타일 규정은 이마와 귀가 보이며 헤어제품으로 고정된 스타일로 지정되어 있다. 이러한 남승무원의 헤어스타일은 승객으로 하여금 단정함과 신뢰감을 느끼게 하는 중요한 요소이다.

(2) 남승무원 헤어스타일링 가이드

● 이마가 보이는 스타일을 연출한다

남승무원 스타일은 이마가 2/3 이상 보이며 젤, 왁스와 같은 고정 제품으로 스타일링된 헤어를 연출해야 한다.

● 승객에게 강한 인상을 남기는 스타일은 지양한다

투블럭, 모히칸 스타일처럼 이마를 보이는 헤어스타일이라도 강렬한 인상을 남기는 스타일을 지양한다. 남승무원 스타일의 핵심은 호감과 신뢰감으로 이를 전달할 수 있는 헤어스타일 연출이 중요하다.

● 스타일에 맞는 커트와 펌의 도움을 받는다

남성의 경우 모발의 상태에 따라 스타일링을 할 때 모양이 잡히지 않아 어려움을 겪게 된다. 마찬가지로 머리카락의 길이가 짧거나 길어도 스타일링을 하는데 어려움이 있으므로 본인이 원하는 스타일에 따라 커트와 펌을 하여 손질을 쉽게 하고 심미적인 완성도도 높이는 것이 필요하다.

● 헤어 제품은 고정력, 질감, 사용법에 따라 다르다

헤어스타일링을 고정시키기 위해선 왁스, 스프레이 등을 사용해야 한다. 남성용 제품은 고정력, 질감, 사용목적에 따라 다르기 때문에 본인에게 맞는 제품을 선택하는 것이 좋다.

● 건강한 두피관리는 필수다

모발에 매일 드라이기의 열을 가하고 고정 제품을 사용하게 되면 두피 상태가 약해질 수 있다. 또한 승무원은 유동적인 스케줄로 인해 스트레스 상황에 놓이게 되면 탈모나 염증 문제가 발생할 수 있으므로 깨끗한 클렌징과 두피에 좋은 제품들을 사용하며 꾸준한 관리를 해 주는 것이 필요하다.

(3) 남승무원 헤어스타일 연출법

준비물

드라이기, 빗, 왁스, 스프레이 등

❶ 샴푸 후 드라이기로 머리의 모양을 잡아 가며 말린다.

❷ 가르마를 나누고 볼륨이 필요한 곳에 뜨거운 열로 머리 전체의 모양을 잡아 준다.

❸ 왁스를 손가락 한 마디 정도의 양을 덜어 손바닥의 열로 뭉개 준다.

❹ 왁스로 헤어스타일을 만들어 준다.

❺ 완성

모발타입별 제품 사용하기

연모

모발이 얇아 힘이 없는 모발을 연모라고 칭한다.

직모와 연모의 특성을 함께 가진 경우 머리숱이 적어 보일 수 있으므로 볼륨감을 살릴 수 있는 제품을 사용하면 좋다. 이 타입은 볼륨형 제품이나 액체 스프레이 타입의 헤어 제품 사용을 권장한다.

강모

두껍고 곱슬기도 있는 모발을 강모라 한다. 힘 있는 모발로 스타일링은 용이하나 잘 뜨기 때문에 차분히 정돈해 줄 수 있는 제품을 사용해 주면 좋다. 이 타입은 연모와 다르게 크림타입의 헤어제품을 사용하면 좋다.

손상모

잦은 펌과 염색, 열로 인해 모발이 손상된 상태를 말한다.

이 경우 샴푸 시 컨디셔너보다 트리트먼트를 사용해 주는 것이 좋으며 꾸준한 모발 영양 관리가 필요하다. 스타일링 전후에 헤어 오일을 사용해 주는 것이 좋다.

Chapter 07

메이크업 이미지 메이킹

1) 메이크업의 중요성과 기능

(1) 메이크업의 중요성

메이크업은 이미지 메이킹 연출 방법 중 자신이 추구하는 이미지를 표현하는 가장 직접적이고 효과적인 방법이다. 또한 메이크업은 자신의 이미지를 표현하는 수단이며 자신의 성격과 선호하는 이미지를 나타내는 가장 효율적인 방법이다. 즉, 사람들은 자신이 표현하고 싶은 이미지를 자기가 선택한 메이크업 디자인으로 표현하여 추구하고자 하는 이미지를 나타내게 된다. 그리고 이는 개인의 이미지와 인상을 형성하는 주요한 요인이 되고 개인의 성향, 태도를 표현하는 심미적 활동으로 여겨진다.

항공사승무원 또한 메이크업을 통한 화사하고 아름다운 외적 이미지 연출은 매우 중요하다. 왜냐하면 승무원의 화사하고 생기 있는 메이크업 연출은 승객에게 긍정적인 첫인상과 좋은 이미지를 전달할 수 있기 때문이다. 또한 우수한 메이크업은 승무원 스스로 직무 수행에 있어 자신감을 갖게 한다. 그러므로 메이크업 연출에 대한 이해와 방법을 익히는 것은 항공승무원에게 필수 요소이다.

(2) 메이크업의 기능

▲ 메이크업 도구

① **보호기능:** 메이크업을 통해 온도, 먼지, 오염 등 외부환경과 외부의 위험요소들로부터 피부를 보호하는 기능

② **미화기능:** 메이크업을 통해 얼굴 및 신체의 단점을 보완하고 장점을 표현하여 심미적 아름다움을 추구하는 기능

③ **심리적 기능:** 메이크업으로 외모를 가꿈으로서 자신감을 얻고 개인의 개성과 가치를 표현하는 기능

④ **사회적 기능:** 메이크업을 통해 사회적 관습과 종교적 가치, 격식, 직업 등을 표현하는 기능

2) 피부타입 진단

성공적인 메이크업을 위해서는 자신의 피부타입을 알고 그에 맞는 스킨케어와 메이크업 제품을 사용해야 한다. 아래 체크리스트를 통해 자신의 피부타입을 진단하고 특징을 파악한다. 피부타입별 항목을 살펴보고 자신이 해당되는 항목이 많은 타입을 알아보도록 한다.

(1) 피부타입 자가진단 체크리스트

건성 피부

- □ 세안 후 얼굴이 심하게 당긴다.
- □ 환절기나 겨울에는 피부가 잘 트는 편이다.
- □ 피부 탄력이 부족하고 모공이 작은 편이다.
- □ 입가나 눈가에 잔주름이 많은 편이다.
- □ 얼굴이 건조하고 심할 땐 건조함으로 간지럽다.
- □ 얼굴의 각질이 잘 일어나는 편이다.

지성 피부

- □ 세안 후 얼굴이 아무것도 바르지 않아도 불편하지 않다.
- □ T존 부위가 항상 번들거린다.
- □ 영양크림이나 팩을 하면 트러블이 생긴다.
- □ 피부가 두껍고 피지 분비량이 많다.
- □ 모공의 크기가 큰 편이다.
- □ 메이크업이 유분기로 쉽게 지워진다.

복합성 피부

☐ 세안 후 유분기에 비해 속당김이 있다.
☐ T존에 유분이 많다.
☐ 볼과 턱을 잇는 U존의 피부는 건조한 편이다.
☐ 이마와 코 주변에 트러블이 자주 생긴다.
☐ 얼굴 부위에 따라 피부톤의 차이가 있다.
☐ 메이크업이 T존 위주로 쉽게 지워진다.

민감성 피부

☐ 바람, 기온에 민감하고 홍조가 잘 생긴다.
☐ 알코올이 함유된 기초 제품 사용 시 피부가 따갑다.
☐ 아토피나 피부 질환이 잘 생긴다.
☐ 화장품의 성분에 따라 피부상태가 민감하게 반응한다.
☐ 얼굴이 건조하고 자주 붉어진다.
☐ 몸의 컨디션에 따라 트러블이 잘 생긴다.

여드름 피부

☐ 여드름이나 피부 트러블이 자주 생긴다.
☐ 피부의 발열감을 자주 느낀다.
☐ 모공의 크기가 크고 얼굴이 자주 붉어진다.
☐ 메이크업으로 피부의 열감과 붉은기를 감추기 어렵다.
☐ 유분이 함유된 밀도 높은 크림을 사용하면 트러블이 심해진다.
☐ 화장품을 바꾸면 트러블이 생길 때가 있다.

(2) 피부타입별 특징

건성 피부

- **특징:** 피지선과 한선의 기능 저하로 피부의 피지와 수분양이 적어 건조한 피부 타입이다. 모공이 작고 각질이 잘 생겨 피부 표면이 거친 편이다. 또한 세안 후 피부 당김이 심하고 수분 부족과 각질로 화장이 잘 뜬다. 피부가 얇은 편이며 잔주름이 잘 생길 수 있다.

- **케어 방법**
  - 세안: 유수분 함량이 높은 클렌징로션, 크림, 오일을 사용하며 클렌징 폼 또한 약산성제품처럼 순한 제품을 사용하는 것이 좋다.
  - 기초: 수분 케어가 반드시 필요하며 유수분 밸런스를 맞추는 것도 중요하기 때문에 기초 마지막 단계에 유분이 적당히 함유된 보습크림이나 영양크림을 사용한다. 겨울철에는 페이스 오일이나 밤(Balm)을 이용하여 마무리해 주면 피부에서 수분을 지킬 수 있다.

지성 피부

- **특징:** 피지선이 발달하여 피지나 땀이 많이 나는 유형이다. 피지 분비량이 많아 외부자극에 강한 편이다. 그러나 모공이 넓고 과도한 유분기로 피부가 번들거리고 오염물질이 피부에 흡착되기 쉬어 트러블이 발생한다.

- **케어 방법**
  - 세안: 수성제품을 사용하는 것이 좋으며 클렌징워터나 클렌징 젤 또는 오일 프리타입의 제품으로 메이크업을 지우고 세안하는 것이 좋다.
  - 기초: 수분부족형지성일 경우 유분은 적고 수분 함유량이 높은 젤 타입의 보습제로 수분케어를 해준다. 유분이 많은 경우 유수분 밸런스를 맞추기 위해 오일프리 기초 제품을 사용한다. 지성용 피부는 유분이 포함된 제품을 사용하는 경우 모공을 막아 트러블을 유발하므로 주의한다.

복합성 피부

- **특징:** 피부 부위별 유수분의 불균형, 외부자극에 민감하고 트러블도 생기는 등의 다양한 특성을 가지는 것이 복합성 피부 타입이다. 계절과 환경, 피부 부위와 상태에 따른 관리가 필요하다.

- **케어 방법**
  - 세안: 코와 이마를 잇는 T존이 지성이라면 지성 타입에 맞춘 세안을 해 준다. 그러나 T존 이외의 부위는 자극을 최소화하여 세안한다. 클렌징폼 또한 유수분 밸런스를 맞출 수 있는 제품을 사용하도록 한다.
  - 기초: 피부 부위 특징에 따라 다른 관리가 필요하다. 피부 부위별 유분과 수분의 균형을 맞춰 줄 수 있는 제품과 방법을 선택한다.

민감성 피부

- **특징:** 면역 기능이 저하되어 외부 자극과 환경 변화에 민감하게 반응하는 예민한 피부타입이다. 민감성 피부 타입은 화장품 성분에 유의하여 사용한다.

- **케어 방법**
  - 세안: 약산성 제품을 사용하여 세안한다. 제품을 선택할 때는 천연 성분, 무향, 저자극 성분을 고려한다.
  - 기초: 화장품의 성분에 의해 발열, 홍조, 알러지와 같은 물리적 반응을 일으키기 쉬운 피부 타입으로 성분이 순하고 진정 효과가 있는 제품으로 선택한다.

여드름 피부

- **특징:** 넓은 모공과 모낭에 쌓인 피지로 모낭구조가 파괴되어 트러블이 자주 발생하는 피부로, 깨끗한 클렌징이 필요하며 트러블케어 전용 화장품을 사용하는 것이 좋다.

- **케어 방법**
  - 세안: 모공과 모낭에 노폐물을 제거하기 위해 딥클렌징을 해 주는 것이 좋다.
  - 기초: 여드름성 피부 전용 제품을 사용하여 케어해 주는 것이 좋다. 그러나 환절기나 겨울철에는 오일 프리의 젤 타입 수분 제품으로 피부의 보습에 신경 써 준다.

3) 메이크업 기초 지식

(1) 도구

① 브러쉬(Blush)

브러쉬는 타입과 사이즈에 따라 베이스 메이크업과 색조 메이크업을 표현한다.

(2) 그 외 메이크업 도구

퍼프 • 페이스메이크업 • 파운데이션 밀착

파우더퍼프 • 페이스메이크업 • 유분 제거

눈썹칼 • 아이메이크업 • 눈썹모 정리

아이래쉬컬러 • 아이메이크업 • 속눈썹 컬링

눈썹빗 • 아이메이크업 • 속눈썹 정리

스크루브러쉬 • 아이메이크업 • 눈썹 결 정리

화장솜 • 클렌징 • 토너 사용

올바른 도구 사용과 관리

- 브러쉬와 메이크업 도구는 피부에 직접 닿기 때문에 청결하게 유지한다.
- 브러쉬는 전용 세척액을 사용하여 세척 후 잘 건조하여 사용한다.
- 퍼프 종류는 폼클렌징이나 비누로 문질러 세척 후 잘 건조하여 사용한다.

(3) 제품 종류

① 베이스(Base)

메이크업 베이스는 피부톤과 결을 보정하기 위해 메이크업 초기 단계에 사용하는 제품이다. 프라이머, 컬러컨트롤베이스, 수분베이스, 광채베이스, 톤업 크림 등이 있으며 최근 선블럭과 베이스, 프라이머 기능을 모두 합친 올인원 제품도 있다.

베이스 컬러에 따른 특징!

붉은 기 보정

초록베이스

칙칙한 피부 보정

노랑베이스

창백한 피부 보정

핑크베이스

노란기 보정

보라베이스

◀ 톤업크림

피부의 밝기를 한 톤 올려 주며 화사함을 연출하고 메이크업 지속력을 높인다.

◀ 광채베이스

피부의 건강한 광채를 표현하고 피부에 필요한 유수분의 함유로 푸석한 피부에 건강함을 부여한다.

◀ 프라이머

피부의 요철을 보완하며 매끈한 피부결을 표현하고 메이크업 지속력을 높인다. 그러나 모공을 막을 수 있으므로 클렌징을 꼼꼼하게 하는 것이 필요하다.

사진 출처: 메이크업포에버 코리아 공식홈페이지

② 파운데이션(Foundation)

파운데이션은 피부톤과 질감을 일정하게 조절하여 아름다운 피부결을 표현한다. 또한 잡티와 같은 피부 결점을 커버하며 색조 메이크업의 기본이 된다.

피부 타입과 상태에 따라 본인에게 맞는 제품을 선택하는 것이 필요하다.

	리퀴드(Liquid)타입	높은 수분 함량 촉촉함 얇게 발림 커버력과 지속력 약함	건성 피부
	스틱(Stick)타입	고형타입 우수한 커버력과 지속력 매트함	지성 피부
	쿠션(Cushion)타입	바르기 편함 촉촉한 피부 연출 수정이 용이 다크닝 현상 주의	건성 피부 복합성 피부

③ 컨실러(Concealer)

- 점, 기미와 같은 결점을 가리기 위해 사용
- 피부톤과 같거나 한 톤 밝은 것 사용
- 리퀴드, 크림, 스틱, 펜슬 타입

④ 쉐이딩(Shading)

- 얼굴에 윤곽을 표현할 때 사용하는 제품
- 베이스컬러보다 1~2톤 어두운 색
- 가루타입, 스틱타입, 크림타입

⑤ 하이라이터(Highlighter)

- 코와 이마, 눈밑, 턱 등에 입체감 부여
- 베이스컬러보다 1~2톤 밝은 색 또는 펄 함유
- 가루타입, 스틱타입, 크림타입

⑥ 파우더(Powder)

- 얼굴의 유분기를 정리하기 위해 사용
- 루스타입과 고체타입이 있으며 피부 마무리 단계에서 사용

⑦ 픽서(Fixer)

- 유분과 땀으로부터 메이크업을 고정시키는 효과
- 메이크업 마무리 단계에서 얼굴에 분사

4) 항공사 여승무원 메이크업

세안 & 기초
↓
베이스 메이크업
↓
윤곽 메이크업
↓
아이 메이크업
↓
립 & 치크 메이크업

step 1 기내의 건조함을 이겨 내는 세안 & 기초케어

준비물

클렌저, 화장솜, 토너, 로션, 에센스,
수분크림(피부타입에 맞게 준비)

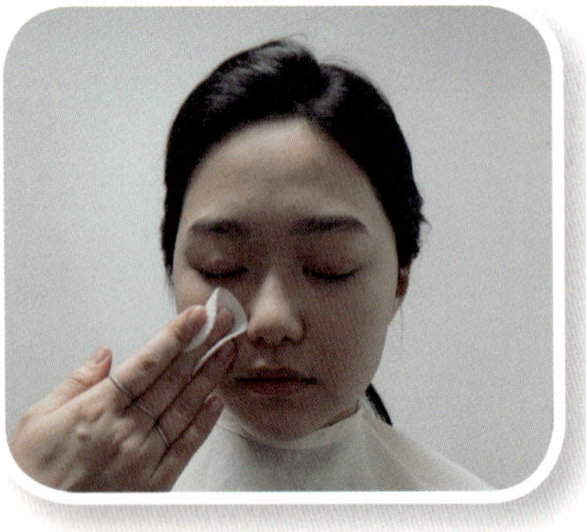

- 립&아이 전용 리무버로 눈과 립 색조메이크업을 지워야 다크닝 현상을 방지한다.
- 피부타입에 따라 클렌징오일, 클렌징워터로 1차 세안 후 폼클렌징으로 2차 세안을 해 준다.
- 세안 후 얼굴이 건조해지기 전 기초제품을 바른다.
- 제품은 제형이 가장 묽은 것부터 사용한다.
- 수분케어제품은 소량을 레이어링 하듯 발라 주는 것이 촉촉한 피부 표현에 용이하다.

step 2 지속력을 높이는 베이스 메이크업

준비물

베이스 제품, 파운데이션, 컨실러, 파운데이션 브러쉬, 컨실러 브러쉬, 퍼프, 스펀지 등

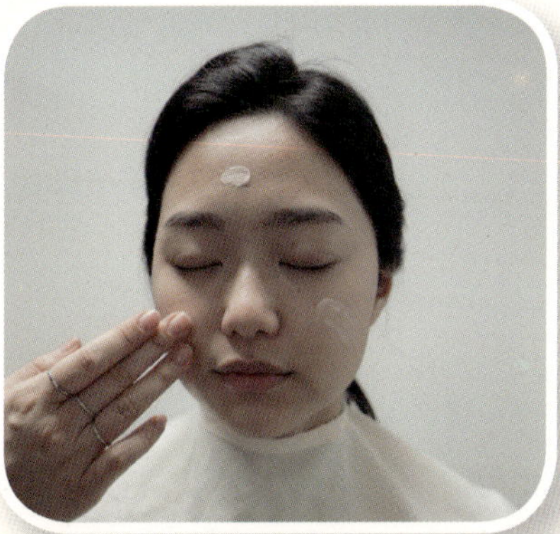

• 베이스 제품은 컬러베이스, 프라이머, 수분, 광채, 톤업 등 그 기능과 제품이 다양하다. 그러나 모두 사용하면 화장이 두꺼워지고 밀리기 때문에 본인에게 필요한 기능에 맞춰 1~2개 정도만 사용하는 것이 좋다.

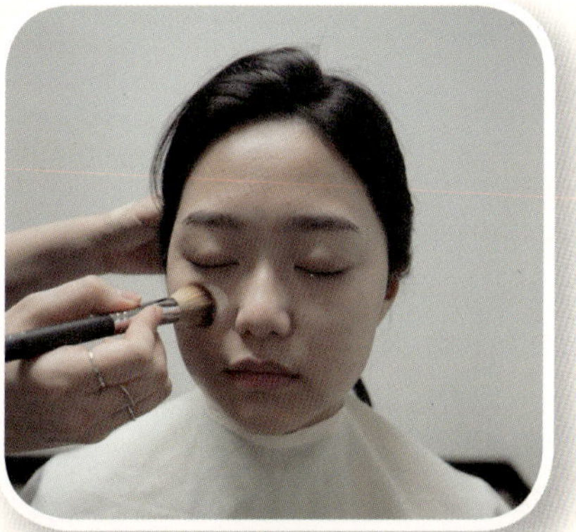

• 파운데이션은 피부톤과 피부타입에 맞는 제형을 선택하며 스펀지나 파운데이션 브러쉬로 피부결을 따라 중심에서 바깥쪽을 향해 펴 바른다.

• 얇게 펴 발라진 파운데이션은 스펀지나 전용퍼프로 두드리며 밀착시킨다.

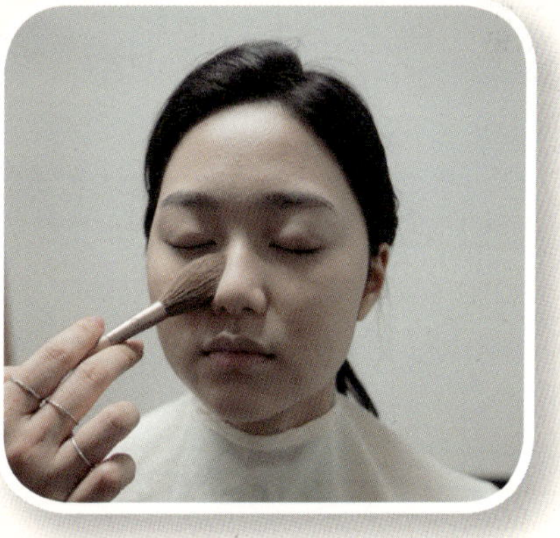

• 유분이 많은 경우 파우더를 사용하며 티존 주변 유분을 잡아 준다.

step 3 입체감 있는 얼굴형을 만드는 윤곽 메이크업

준비물

쉐이딩 제품, 하이라이터, 파우더,
쉐이딩 브러쉬, 퍼프

• 피부톤보다 1~2톤 어두운 쉐이딩 제품과 전용브러쉬를 준비한다.

• 얼굴 윤곽 라인을 따라 자연스럽게 브러쉬로 음영을 만들어 준다.
• 하이라이터의 경우 가루와 크림타입 등이 있으며 이마와 콧등, 턱 끝에 자연스러운 광이 생기도록 연출해 준다.

쉐이딩 제품 고르기

다양한 쉐이딩 제품 뭐가 좋을까?

• 크림·스틱 타입: 블랜딩과 픽싱이 쉬워 초보자들도 쉽게 사용 가능하며 퍼프로 연출
• 파우더 타입: 부위별 섬세한 표현이 가능하며 브러쉬로 연출

하이라이터 제품 뭐가 좋을까?

• 크림·스틱 타입: 바르기 쉽고 촉촉한 질감의 광채 표현 가능
• 파우더 타입: 다양한 색상과 입자의 크기로 섬세한 표현 가능

step 4 인상을 좌우하는 아이브로우 메이크업

(1) 눈썹 연출하기

준비물

아이브로우 펜슬, 눈썹 빗, 스크루 브러쉬, 눈썹가위, 브로우마스카라 등

• 아이브로우 펜슬로 눈썹의 모양을 잡아서 테두리를 그려 준다.

• 스크류브러쉬나 눈썹 빗으로 눈썹 결을 빗어 준다.

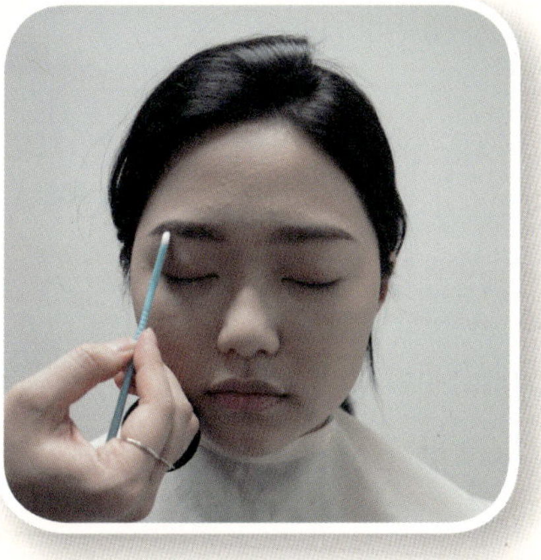

• 눈썹칼로 눈두덩이, 미간의 눈썹모를 정리한다. 이때 눈썹산, 미간, 꼬리의 길이 등 균형을 맞추며 힘 조절에 주의한다.

• 길이가 긴 눈썹모의 경우 눈썹 가위로 정리한다.

• 아이브로우 펜슬이나 브라운 아이쉐도우로 눈썹 모양을 잡아 준다. 이때 눈썹 머리와 꼬리가 일직선에 오도록 하고 눈썹의 길이가 눈보다 짧은 부분이 없도록 그린다.

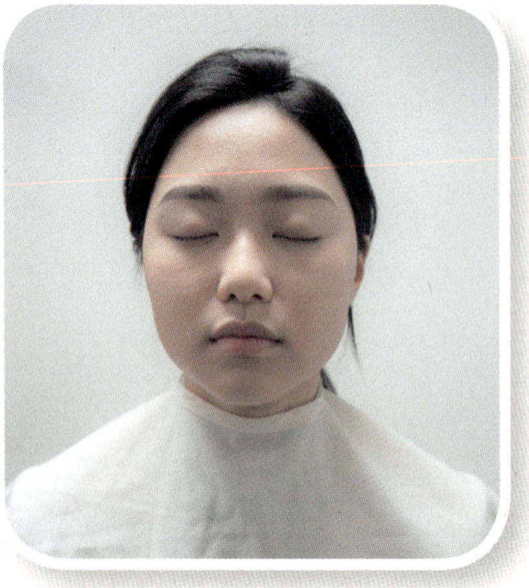

• 완성

지속력 높이는 제품 고르기

• 승무원 메이크업은 수분감과 지속력이 중요!
• 쿠션은 시간이 경과되면 다크닝이 생길 수 있으니 주의
• 파운데이션은 지속력과 커버력이 우수하여 베이스 메이크업 시 사용
• 쿠션 제품은 수분감과 발림성이 우수하여 메이크업 수정 시 사용

아이브로우 모양 연출

자신에게 맞는 눈썹의 길이, 대칭, 커브를 연구하자.

눈썹은 얼굴 전체 인상을 좌우하는 중요한 요소이다. 그리하여 개인이 가진 본연의 얼굴형과 눈매의 모양, 그리고 눈썹 커브와 모양에 따라 자신에게 어울리는 눈썹 모양을 연출하는 것이 필요하다. 특히 승무원의 헤어스타일이 이마와 얼굴 전체가 드러나기 때문에 본인이 가진 얼굴형과 눈썹 커브에 따라 자연스러우면서도 세련된 눈썹 연출은 필수이다. 이때 자신이 가진 눈썹 커브를 살린 깔끔한 눈썹연출과 눈동자나 헤어컬러에 맞춘 눈썹 컬러는 세련미를 높이므로 참고한다.

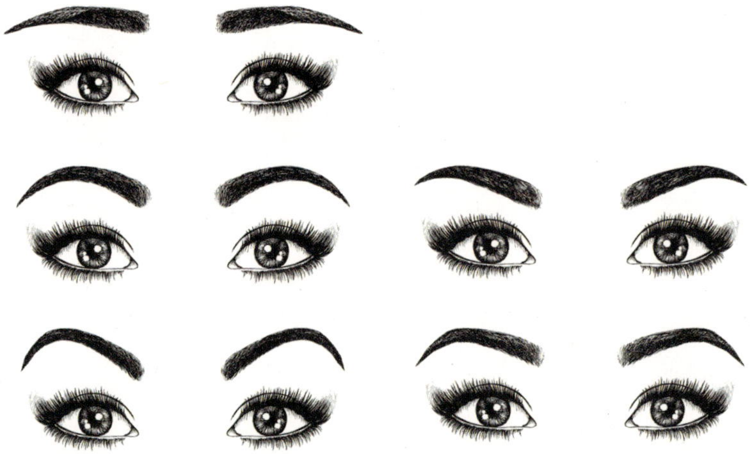

- **눈썹의 길이:** 짧은 눈썹은 어려 보이는 효과를 준다.
- **눈썹의 대칭:** 눈썹 머리와 꼬리가 일직선이 되도록 연출한다.
- **눈썹의 커브:** 본래의 눈썹산을 살린 자연스러운 눈썹을 연출한다.

step 5 아름다운 눈매 연출을 위한 아이메이크업: 아이섀도우

준비물

아이섀도우 제품, 아이섀도우 브러쉬,
포인트 브러쉬, 글리터 제품 등

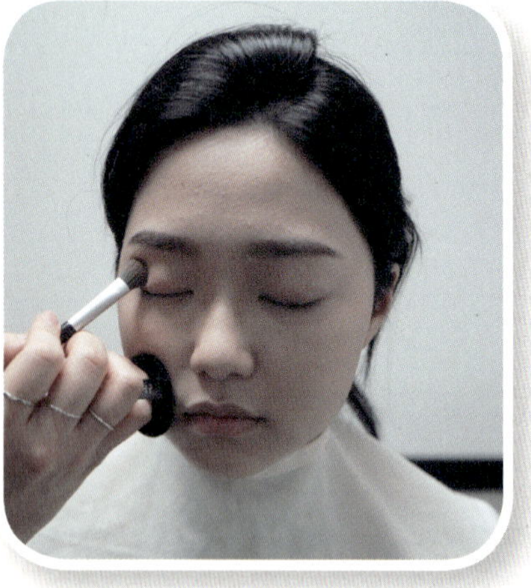

• 누디한 톤의 베이스 컬러로 눈두덩이 전체를 정리해 준다.

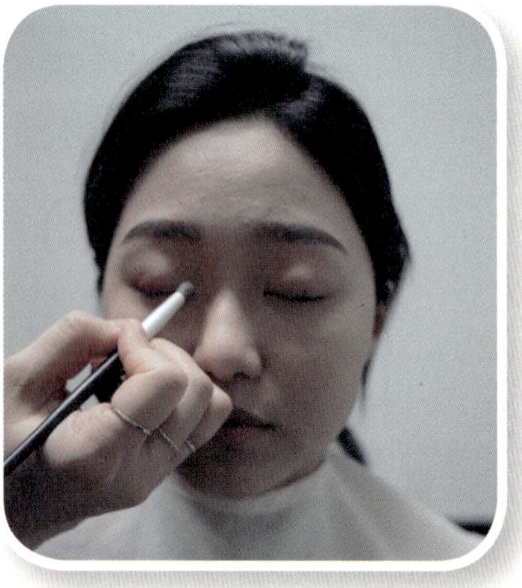

• 한 톤 진한 포인트 컬러를 사용하여 쌍커풀 라인 눈꼬리의 삼각존을 어두운 브라운 섀도우로 음영을 주는 느낌으로 채워 준다.

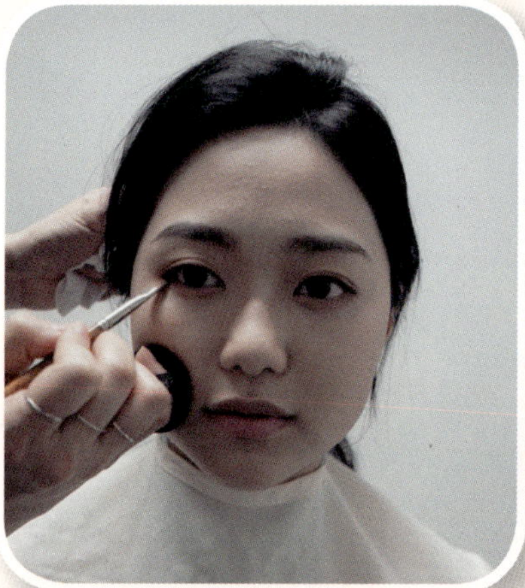

• 언더라인과 눈동자 윗부분은 미색의 베이지 컬러를 얹어 눈매를 밝혀 준다.

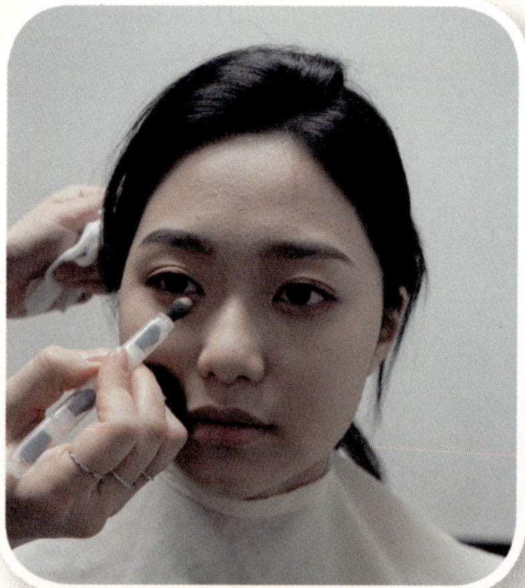

• 펄감이 있는 섀도우로 눈매를 강조해도 좋으나, 과한 화장은 피해야 한다.

아이라이너 고르기

유분기가 많은 타입
젤형 제품 추천

잔주름이 많은 타입
펜슬형 제품 추천

섬세한 연출이 필요한 타입
붓형 제품 추천

step 6 아이메이크업: 마스카라

준비물

뷰러, 마스카라, 마스카라 픽서, 스크루 브러쉬

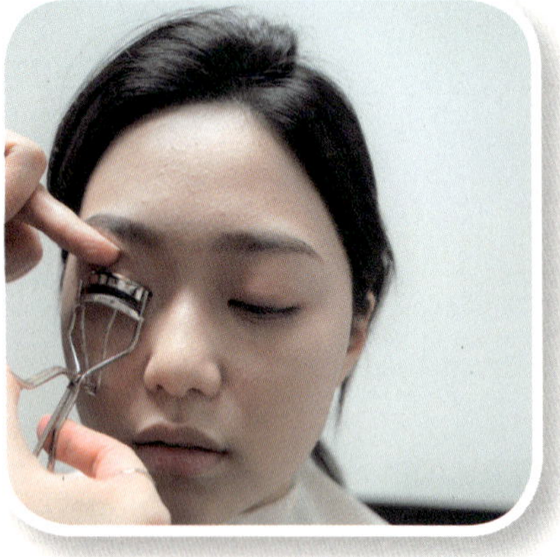

• 뷰러로 속눈썹을 안쪽부터 3번 나누어 눌러 주며 마지막은 뷰러를 살짝 꺾어 컬링을 만든다.

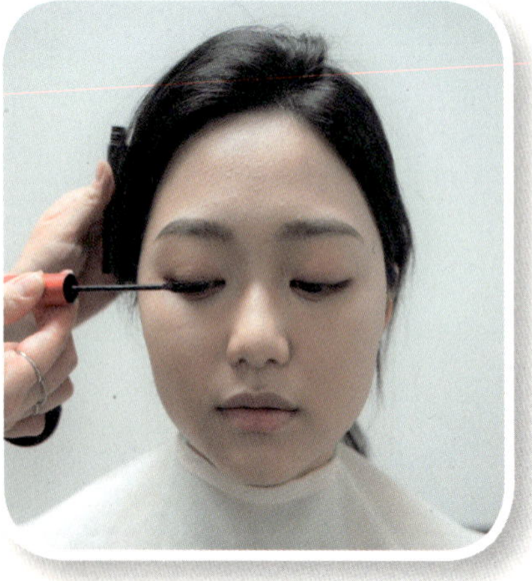

• 검정이나 브라운 계열 마스카라를 사용하여 속눈썹을 꼼꼼히 빗어 올린다.
• 마스카라 픽서를 사용하여 속눈썹 컬링을 고정시킨다.
• 스크루 브러쉬를 사용하여 마스카라가 뭉친 곳을 정리한다.

마스카라의 어플리케이터 알아보기

• **볼륨(Volume) 마스카라:** 중간 부분이 풍성한 어플리케이터로 속눈썹 숱을 풍성하게 만든다. 속눈썹 숱이 적은 사람에게 추천하는 타입이다.

• **컬링(Curling) 마스카라:** 얇고 촘촘한 어플리케이터로 속눈썹의 뿌리부터 끝까지 깔끔하게 발리며 정교한 컬링을 만들어 준다. 속눈썹이 처진 사람에게 추천하는 타입이다.

• **롱래쉬(Long-lash) 마스카라:** 나선형의 어플리케이터로 섬유소가 들어 있어 속눈썹을 길어 보이게 만든다. 속눈썹이 짧은 사람에게 추천하는 타입이다.

step 7 생기 있는 립 메이크업

준비물

립밤, 베이스 컬러 립스틱, 립브러쉬,
포인트 컬러 립 틴트, 컨실러

• 립밤을 발라 입술 각질을 제거해 주고, 컨실러로 입술 라인을 정리한다.

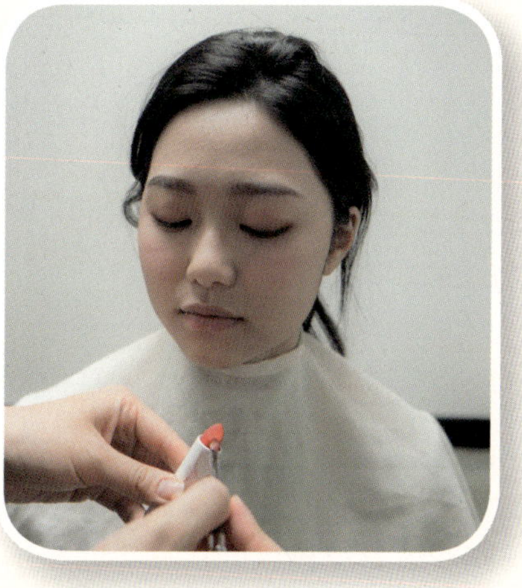

• 화사하고 생기 있는 코랄이나 핑크 계열의 립스틱을 발라 준다.

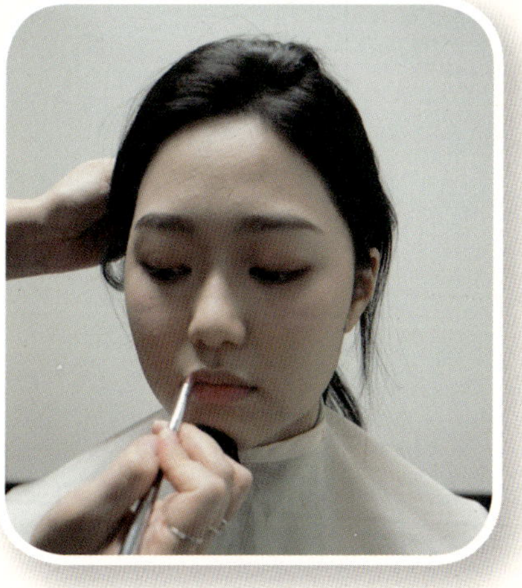

• 입술 안쪽 라인부터 발라 주어 자연스럽게 입술라인을 채워 준다.
• 필요시 건조함을 방지하기 위해 립 오일이나 립글로스를 발라 준다.

step 8 생기 있는 치크 메이크업

준비물

블러셔, 치크브러쉬, 사선브러쉬, 퍼프, 파우더

- 브러쉬에 블러셔를 묻힌 후 브러쉬를 털거나 손등에 톡톡 두드려 색을 고르게 만든다.

- 웃었을 때 봉긋 올라오는 애플존에 블러셔를 얹어 준다.
- 크림타입을 사용할 경우 블러셔를 손으로 묻혀 애플존 주변을 두드리듯 펴 바른다.
- 스펀지나 퍼프를 사용하여 자연스럽게 블렌딩한다.
- 색이 강한 경우 파우더로 정리해 준다.

치크의 종류

프레스드 타입

초보자가 사용하기 쉽고 유지력이 좋다.
그러나 건조하다.

크림 타입

촉촉하고 은은하게 올라오는 발색이 자연스럽다.
그러나 지속력이 짧고 다크닝이 생길 수 있다.

5) 항공사 남승무원 메이크업

기초케어
↓
베이스 메이크업
↓
아이브로우 메이크업

(1) 피부결을 정리하는 기초케어

남성의 피부는 여성보다 두껍고 모공도 큰 편이여서 유분기가 많은 타입으로 기초케어에 소홀히 할 수 있다. 그러나 잦은 면도로 인해 건조한 피부상태를 방치하면 피부트러블과 각질이 발생할 수 있기 때문에 수분 중심의 기초 케어를 꼭 해 주어야 한다.

준비물

눈썹칼, 눈썹가위, 스크루 브러쉬, 아이브로우 펜슬

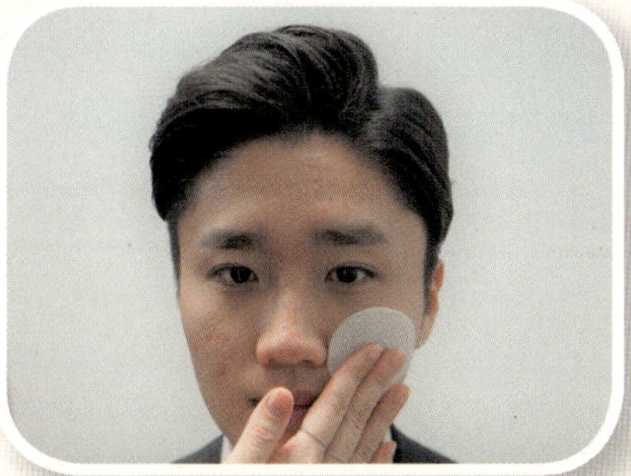

- 토너 제품을 화장솜에 묻혀 피부결 전체를 정리한다.

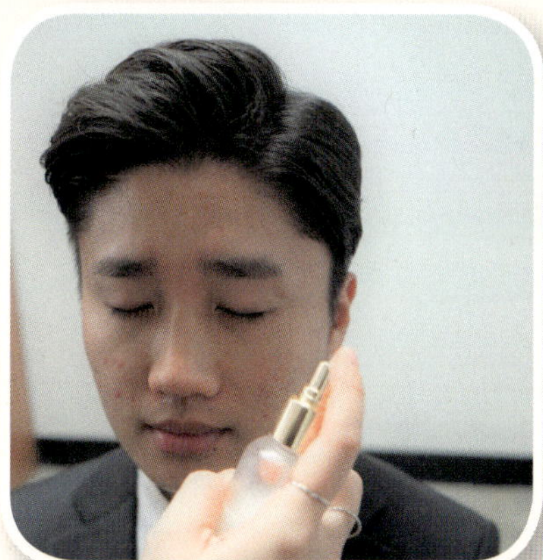

- 수분에센스나 수분공급이 가능한 제품을 U존에 발라 준다.
- 오일프리의 젤 타입 수분 크림을 얇게 발라 준다.

남성용 화장품 고르기

꼭 남성용 화장품을 써야 할까?

남성은 여성보다 5배 많은 피지 분비량과 여성에 비해 두껍고 넓은 모공을 가진다. 그리하여 많은 남성용 스킨케어 제품은 이러한 남성의 피부 특성을 개선 및 보완을 위한 성분을 함유한다. 그리하여 모공을 좁히며 유분을 잡는 알코올 성분이 함유거나 오일프리의 가벼운 제형의 제품이 많은 편이다. 그러나 무조건 남성용 제품을 쓰는 것이 정답은 아니다. 자신의 피부타입과 상태에 맞게 다양한 기능의 제품을 사용하여 피부상태를 개선하는 것이 필요하다.

추천 제품

- **토너패드:** 기초 첫 단계에 사용하며 각질을 정리하고 트러블 케어에도 좋다.
- **피부진정 제품:** 알코올 성분의 트러블 라인보다 자극이 덜하며 진정효과가 뛰어나다. 병풀, 티트리 등 진정과 재생 효과가 있는 성분이 들어간 제품들이 속한다.
- **오일컨트롤(oil-control) 제품:** 위치하젤, 아스트리젠트 성분이 함유되어 유분을 잡고 모공을 좁히는 효과가 있다.

(2) 화사한 베이스 메이크업

준비물

선크림, 톤업크림, BB크림 등

• 기초제품이 다 흡수되면 선크림을 동전 크기 정도 사용하여 얼굴 전체에 흡수시킨다.

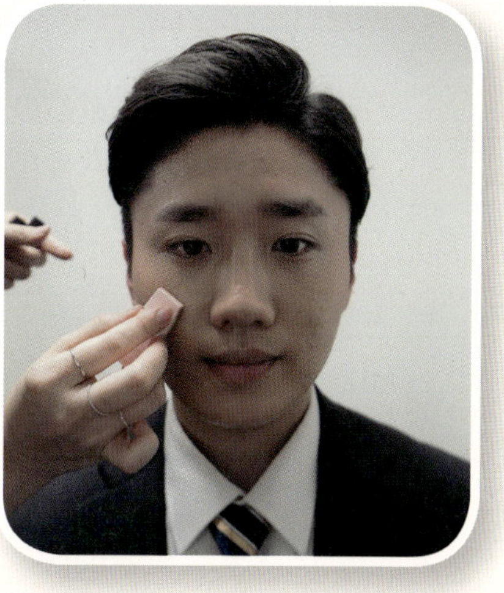

• 한 곳에 많은 양을 문지르면 백탁 현상과 피부가 기름질 수 있으니 얼굴 전체에 조금씩 나눠 톡톡 두드리며 흡수시킨다.
• 환한 피부를 위해 톤업크림이나 남성용 BB크림을 필요한 부위에 발라 준다.

선크림 바로알기

자외선은 피부의 노화에 직접적인 영향을 준다. 또한 기미와 주근깨 등 심미적인 문제가 발생하는 요인이 되기 때문에 자외선 차단제는 꼭 사용해 주는 것이 좋다.

▶ SPF와 PA의 차이

- 자외선은 파장에 따라 C(UVC), B(UVB), A(UVA)로 나눠는데, C는 지구의 오존층을 지나며 파괴되기 때문에 A와 B 차단이 필요
- PA가 자외선 A를 차단
- SPF가 자외선 B를 차단

▶ PA의 +의 개수의 의미

- +의 의미: 차단효과 정도
- +: 생활 자외선 차단
- ++: 가벼운 외출 시 자외선 차단
- +++: 야외 활동 시 자외선 차단

▶ SPF의 숫자의 의미

- 숫자가 높을수록 차단효과가 높음
- 10부터 100까지 그 지수는 높아지며 차단효과도 높음

▶ 무기자차와 유기자차

- **무기자차**
  - 광물에서 추출한 무기 산화물
  - 티타늄디옥사이드, 징크옥사이드 등 성분 구성

– 바르는 즉시 차단효과가 있고 피부자극이 적음
– 백탁효과 발생

• **유기자차**
– 화학적 결합 구조로 만듬
– 아보벤존, 옥시벤존 등의 성분 구성
– 발림성이 좋고 차단 효과가 좋음
– 화학성분으로 인한 눈시림과 같은 자극이 있음

▶ 올바른 사용방법

지수가 높은 제품을 사용하는 것보다 2~3시간 간격으로 꾸준히 발라 주는 것이 효과가 더 좋다. 선제품은 30분 이후 효과가 있기 때문에 외출 30분 전에 사용하는 것이 좋다. 자외선차단제가 피부에 남으면 트러블이 발생하므로 세안을 깨끗하게 해 주어야 한다.

(3) 신뢰감을 만드는 아이브로우 메이크업

남성의 얼굴에서 눈썹의 모양은 전체 이미지를 좌우한다 해도 과언이 아니다. 남성의 깔끔하고 선명한 눈썹은 신뢰감, 호감 등의 긍정적인 반응을 불러일으키므로 남성의 이미지 개선을 위해서 눈썹 모양을 연출하는 것은 필수 요소이다.

남성의 눈썹은 여성에 비해 눈썹모의 굵기가 굵고 미간과 눈가, 이마 라인 등에 넓게 분포되어 있다. 그리하여 눈썹모를 깔끔하게 정리하고 여성보다 두께감이 있고 선명한 눈썹을 연출하는 것이 좋다.

준비물

눈썹칼, 눈썹가위, 스크루 브러쉬, 아이브로우 펜슬

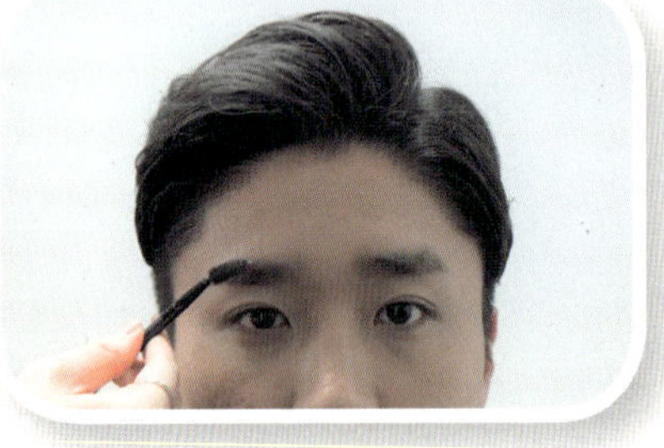

• 스크루 브러쉬로 눈썹을 빗어 준 후 눈썹의 모양을 펜슬로 그려 준다.

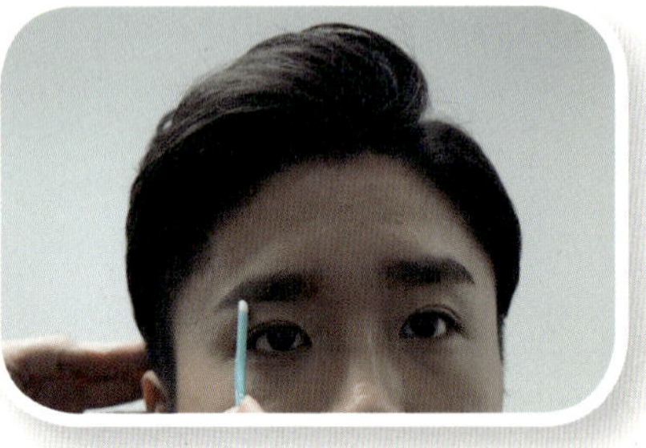

• 모양 밖에 있는 눈썹모를 정리한다. 이때 미간, 관자놀이까지 불필요한 털을 제거한다.

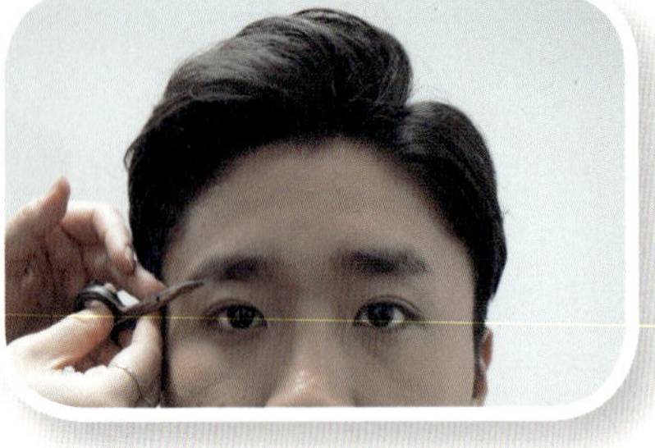

• 길이가 긴 눈썹모는 눈썹가위로 잘라 준다.

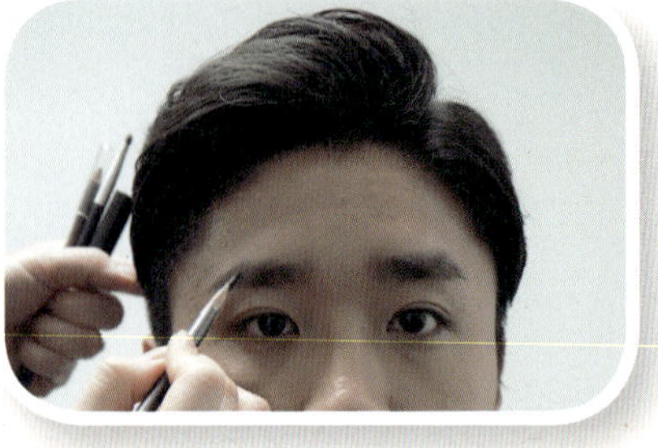

• 눈썹의 길이와 두께가 대칭이 되도록 정리한 후, 아이브로우 펜슬로 눈썹의 빈 부분을 채워 주고 눈썹 모양을 완성한다.

Chapter 08

패션 이미지 메이킹

1) 패션 스타일 연출의 중요성

(1) TPO에 따른 패션 연출의 중요성

T time 시간
P Place 장소
O Occasion 상황

시간과 장소, 상황을 고려한 패션 스타일을 연출하는 것은 사회인으로서 갖춰야 할 매너이자 예의이다. 또한 상황에 맞는 적절한 복장 연출을 통해 긍정적인 첫인상을 만들 수 있다. 그리고 패션스타일의 성공적인 연출은 개인의 감각적이고 심미적 매력을 높이는 중요한 요인이 되며 자기관리가 뛰어나고 우수한 사람으로 인식시킬 수 있는 기회를 제공한다.

(2) TPO 연출 방법

- 참석하는 행사나 모임의 특징을 파악한다.
- 참석하는 인원의 연령대와 성향을 고려한다.
- 화려함, 편안함, 정중함 등의 주제나 키워드를 설정한다.
- 자신의 라이프스타일이나 가치를 보여 주면서도 TPO에 맞는 패션을 연출한다.

2) 패션 스타일 이미지 맵

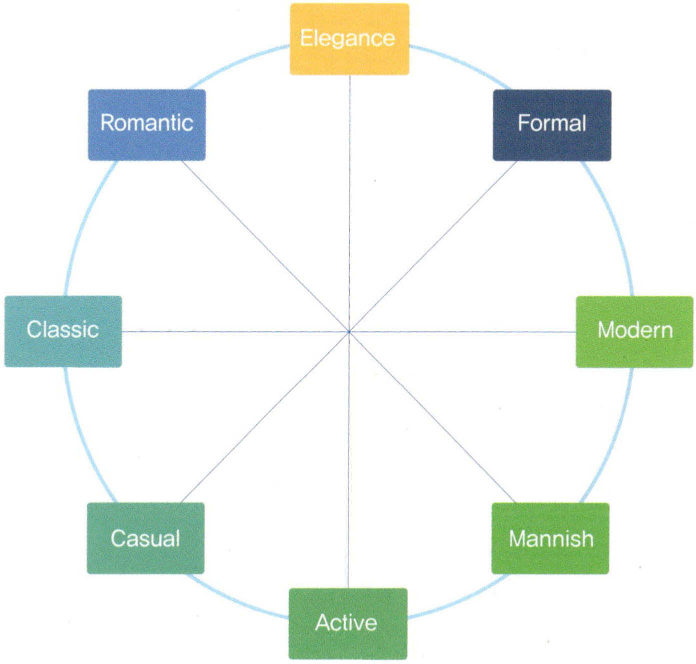

(1) Elegance

"우아한 품위"

엘레강스 스타일은 단어가 가진 의미처럼 우아하며 단정한 패션 스타일이다. 여성스러운 아름다움을 추구하는 페미닌룩을 지칭하기도 한다.

엘레강스 스타일은 1950년대에 유행했는데, 가는 허리, 부드러운 어깨를 표현하여 여성의 우아함을 강조하였다. 또한 프릴이나 레이스 등의 과잉 장식을 피하고 소재의 특성을 살려 신체가 가진 자연 그대로의 아름다움을 나타내려고 하였다.

▲ 엘레강스 스타일 의상

(2) Sophisticated style

▲ 소피스티케이티드 스타일 의상

"세련된 아름다움"

복식 용어로는 세련된 도시적 분위기를 의미하는 소피스티케이티드 스타일은 산뜻하면서도 세련되며 섹시한 분위기를 표현하는 패션이다. 주로 20~30대 여성들이 선호하는 스타일로서, 지성미와 교양미를 여성이 가진 최대의 아름다움으로 표현한다. 소피스티케이티드 이미지에는 스노브룩, 여피스타일, 컨템퍼러리룩이 있다.

(3) Modern

▲ 모던 스타일 의상

"도시적인 시크함"

모던은 근대적이고 현대적이라는 의미를 가지며, 모던 스타일은 시크하면서도 간결하고 깔끔한 스타일을 의미한다. 화려한 무늬나 장식을 최소화하고 간결하고 도회적인 스타일이 주를 이룬다. 흰색, 회색, 검정색과 같은 무채색을 기본으로 현대적이고 기능적인 느낌을 주는 디자인이 주를 이룬다.

(4) Mannish

"진취적인 카리스마"

매니쉬 스타일은 "Man"이 가진 남성이라는 뜻과 같이 남성적 느낌의 여성 패션스타일을 의미한다. 매니쉬 스타일은 1930년대 당시 남녀평등을 주장하기 시작한 시대성을 반영한 신사복 타입의 옷을 배경으로 한다. 댄디(Dandy), 이미그란트(Immigrant), 앤드로지너(Androgynous), 밀리터리(Military)룩 등이 매니쉬 스타일에 속한다.

▲ 매니쉬 스타일 의상

(5) Active

"기능적인 스포티함"

액티브 스타일은 기능성을 중시한 디자인에서 건강과 레저를 위한 밝은 색상의 디자인에 이르기까지 활동적인 이미지를 표현한 패션 스타일을 의미하다.

넓은 의미로는 스포츠웨어, 웨스턴 룩 등이 포함되며 골프웨어처럼 스포츠 의류를 스포츠 시계, 스니커즈 등과 함께 평상복으로 입는 애슬레틱 레저 웨어(athletic leisure wear)도 포함된다.

▲ 액티브 스타일 의상

(6) Casual

▲ 캐주얼 스타일 의상

"실용적인 편안함"

자유로우며 격식이 없이 편안한 패션 스타일인 캐주얼 룩은 다양한 연령층의 평상시 옷차림으로 밝고 편안하며 실용성을 강조한 스타일을 포함한다.

캐주얼 룩은 청바지, 니트웨어, 셔츠 등 울과 면의 소재를 채택하고 체크, 스트라이프 등의 경쾌한 패턴을 사용한다. 심미적으로 조화롭고 편안한 느낌을 주는 디자인이 주를 이룬다.

(7) Classic

▲ 클래식 스타일 의상

"고전적인 우아함"

고전적·모범적·전통적 등의 의미를 지니는 클래식 스타일은 복식에서는 기본을 의미하며, 유행에 좌우되지 않는 스타일을 말한다.

클래식 스타일은 시대를 초월한 보편적인 가치를 지닌 기본에 충실한 디자인이 주를 이루며 유행을 타지 않으며 오래 입을 수 있는 안정적이며 고전적인 아름다움을 지닌다.

(8) Romantic

"사랑스러움"

로맨틱한 스타일은 사랑스럽고 귀여우며 소녀 같은 이미지를 주는 패션스타일을 의미한다. 부드러운 곡선과 시폰, 앙고라와 같은 유연한 소재, 플라워패턴, 프릴, 레이스, 러플 장식처럼 부드럽고 사랑스러운 느낌을 주는 소재와 패턴을 사용하여 순수하고 사랑스러운 이미지를 강조한다.

▲ 로맨틱 스타일 의상

3) 올바른 유니폼 착용 방법

(1) 올바른 유니폼 착용의 중요성

▲ 올바른 유니폼 착용

현대사회에서 유니폼은 업무를 효율적으로 수행하기 위한 가능적 역할뿐만 아니라 소속 집단의 정체성을 나타내고 기업 이미지를 구축하는 역할을 한다. 이러한 현상으로 인하여 항공사는 고객에게 제공하는 인적서비스, 항공사의 운항 스케줄 이외의 각 항공사를 구분하는 차별화된 요소를 만들어 독특한 이미지를 만드는 것에 대하여 관심을 두기 시작했다. 그리하여 항공사 승무원의 유니폼은 오랜 시간 동안 승무원의 직업적 이미지 함께 항공사를 떠올리면 연상되는 항공사의 대표 이미지를 형성해 왔다. 즉, 승무원의 유니폼은 고객 접점에서 안전 업무와 서비스 업무를 수행하기 위해 필요한 기능성과 항공사의 대표 이미지가 되는 항공사의 정체성, 그리고 직업적 상징성을 동시에 가진다. 그러므로 승무원의 유니폼에 대한 기능과 의미를 알고 올바르게 착용하는 것은 매우 중요하다.

(2) 용모복장 체크리스트

① 여성 유니폼 착용 기준

체크 포인트

유니폼 크기, 청결함, 다림질 상태, 이너웨어, 스카프 모양, 스타킹 상태, 구두, 부착물

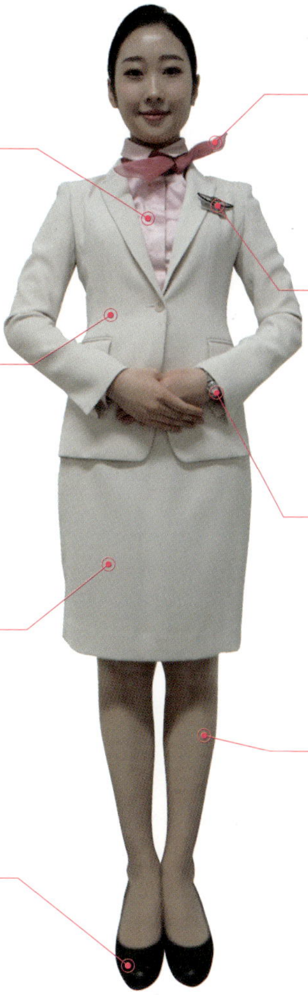

여학생 체크리스트

항목		평가
Hair	쪽머리 연출을 하였는가?	Y/N
	잔머리가 많이 나와 있는가?	Y/N
	번의 상태가 단단한가?	Y/N
	번의 크기가 적당한가?	Y/N
	실핀의 개수가 적당한가?	Y/N
	헤어컬러가 알맞은가?	Y/N
Make-up	화사하고 생기 있는 메이크업을 연출하였는가?	Y/N
	렌즈 착용 시 일반 투명 렌즈를 착용하였는가?	Y/N
	색조가 유니폼과 조화로운가?	Y/N
Nail	손톱 길이와 색상이 알맞은가?	Y/N
Uniform	유니폼의 사이즈는 알맞은가?	Y/N
	유니폼은 청결한 상태인가?	Y/N
	유니폼 다림질이 잘 되었는가?	Y/N
	스카프는 깔끔하게 연출되었는가?	Y/N
Accessary	스타킹의 상태는 깨끗한가?	Y/N
	귀걸이의 크기가 알맞은가?	Y/N
	반지와 같은 액세서리의 종류와 개수는 알맞은가?	Y/N
	명찰, 윙과 같은 부착물을 패용하였는가?	Y/N
Shoes	구두의 상태는 청결한가?	Y/N
	유니폼에 맞는 구두를 착용하고 있는가?	Y/N

여성 복장 연출 시 주의할 점

- 유니폼 착용 시 흰색이나 스킨톤의 이너웨어를 착용한다.
- 컬러렌즈와 같은 미용렌즈는 착용하지 않는다.
- 귀걸이는 1쌍만 착용하며 지름이 0.5cm이하의 부착형만 가능하다.
- 시계는 금속이나 가죽 밴드의 깔끔한 스타일을 착용한다.
- 반지는 업무 시 방해요소가 없는 심플한 스타일로 한 손에 하나씩만 착용 가능하다.

시계 모양 예시

부착물 착용 예시

▲ 올바르지 못한 착용 예시

스카프 착용 예시

② 남성 유니폼 착용 기준

체크 포인트

유니폼 크기, 청결함, 다림질 상태, 이너웨어, 넥타이 모양, 바지 길이, 양말 색상, 구두, 부착물

남학생 체크리스트

항목		평가
Hair	이마가 2/3 이상 노출된 스타일인가?	Y/N
	헤어스타일이 깔끔하게 연출되었는가?	Y/N
	헤어제품을 사용하여 헤어스타일을 고정했는가?	Y/N
Make-up	기초화장품을 사용하고 있는가?	Y/N
	피부톤 보정에 노력하고 있는가?	Y/N
	눈썹, 수염, 코털 등이 청결한가?	Y/N
Nail	손톱이 짧게 유지되는가?	Y/N
	손이 깨끗하고 청결한가?	Y/N
Uniform	유니폼의 사이즈는 적당한가?	Y/N
	유니폼은 청결한 상태인가?	Y/N
	다림질이 잘 되었는가?	Y/N
	바지의 폭과 길이는 적절한가?	Y/N
	넥타이는 잘 매어진 상태인가?	Y/N
	양말의 색상이 적절한가?	Y/N
	양말의 길이가 적절한가?	Y/N
Accessary	시계의 크기와 모양이 알맞은가?	Y/N
Shoes	구두의 상태는 청결한가?	Y/N
	유니폼에 맞는 구두를 착용하고 있는가?	Y/N

남성 복장 연출 시 주의할 점

- 맨살이 비치지 않도록 화이트나 스킨 톤의 이너웨어를 착용한다.
- 셔츠 소매가 재킷 밖으로 1cm 정도 노출되도록 사이즈를 맞춘다.
- 바지폭과 길이를 임의로 수정하지 않는다.
- 바지 길이는 구두 뒷굽과 구두 사이에 오도록 한다.
- 액세서리는 메탈, 가죽소재의 시계를 착용하며 팔찌는 착용하지 않는다.
- 유니폼 착용 시 외부로 노출되는 타투나 문신은 모두 금지한다.
- 남성은 따로 색조 메이크업이 없으므로 눈썹, 수염, 손톱 등의 청결에 신경 쓴다.

LCC 복장 기준표

종류	참고사항
셔츠	〈공통〉 • 성별 착용 기준을 준수하며, 구김이 없는 다림 상태 및 청결 상태를 유지한다. • 속옷은 반드시 착용하고, 흰 셔츠 착용 시 스킨 톤의 속옷을 착용하여 속옷 색상이 비치지 않도록 한다. • 셔츠 착용 시 목 부분의 단추를 비롯한 모든 단추는 채워야 하며 긴팔 셔츠 착용 시 소매를 걷어 올려서는 안 된다. 〈남 승무원〉 • 바지 안으로 밑단을 넣어 입는다. • 반드시 지급된 넥타이 및 셔츠와 같은 색상의 견장을 함께 착용한다. 〈여 승무원〉 • 반드시 지급된 스카프를 함께 착용하고, 셔츠 뒷깃을 세워 스카프가 보이게 한다. • 긴팔 착용 시 소매 끝을 사선으로 한 번 접어 입는다. • 또한 긴팔을 카디건, 자켓과 착용 시 소매선이 카디건 또는 자켓 위로 보이도록 꺼내고 사선으로 한 번 접어 입는다.
카디건	• 반드시 유니폼 셔츠 위에 착용하되, 팔 부분 등이 셔츠로 인해 울퉁불퉁하지 않도록 단정한 상태를 유지한다. • 착용 시 소매를 걷어 올리는 것을 금한다. • 맨 아래 단추를 제외하고 모두 채운다.

재킷	• 재킷 소매를 걷어 올리는 것은 금한다. • 최상단 단추만 채우고 최하단 단추는 채우지 않는다. • 재킷 주머니가 불룩해질 정도로 많이 넣지 않는다.
바지	• 바짓단의 길이는 복숭아뼈를 약간 덮는 길이를 유지한다. • 바지 주머니가 볼록해질 정도로 휴대품을 많이 넣지 않는다. • 남 승무원의 경우 반드시 벨트와 함께 착용한다.
치마	• 길이는 무릎선을 유지하며, 임의로 길이의 수선은 금한다. • 속옷 라인이 보이지 않도록 한다.
앞치마	• 여 승무원에 한해 착용하며, 셔츠 또는 카디건과 함께 착용한다. • 구김과 얼룩이 없는 깔끔한 상태를 유지한다. • 앞치마 왼쪽 상단에 명찰을 패용한다. • 뒷부분의 매듭은 리본 매듭 법으로 묶는다.
구두	• 지급품에 한해 착용한다. • 항시 청결한 상태와 광택을 유지한다. • 여 승무원의 경우 펌프스와 기내화 중 선택 착용한다.
스카프	• 여 승무원에 한해 착용하며, 반드시 셔츠와 함께 착용한다. • 구김과 얼룩이 없는 깔끔한 상태를 유지한다.
넥타이	• 남 승무원에 한해 착용하며, 반드시 셔츠와 함께 착용한다. • 구김과 얼룩이 없는 깔끔한 상태를 유지한다. • 넥타이 길이는 바지 윗선에 위치하도록 한다.
견장	• 남 승무원에 한해 착용하며, 셔츠와 함께 착용한다.
명찰 및 wing	• 재킷의 왼쪽 명찰 상단에 패용한다.
양말	• 남 승무원에 한해 착용한다. • 블랙 또는 네이비 계통의 색상에 한해 착용한다. • 브랜드 로고가 없는 민무늬 양말을 착용해야 하며, 맨살이 비치는 얇은 소재는 금한다. • 길이는 좌석 착석 시에 맨살이 드러나지 않는 길이의 양말을 착용한다.
스타킹	• 여 승무원에 한해 착용한다. • 바지를 착용 시 스타킹 길이는 좌석 착석 시 스타킹 밴드가 보이지 않는 길이의 제품을 착용한다.

4) 올바른 손 관리

(1) 올바른 손관리의 중요성

손은 우리 몸에서 가장 많이 사용되는 부분이며 대부분 외부에 노출되는 신체 부위이다. 그러나 손등의 피부는 매우 얇아 온도와 습도에 따라 갈라짐, 주름과 같은 노화현상이 쉽게 나타난다. 항공승무원 또한 건조한 기내환경에서 끊임없이 손을 사용하여 다양한 업무를 수행한다. 또한 항공여행의 특성상 승무원은 승객에게 식음료를 제공한다. 이때 승무원의 깨끗하고 잘 관리된 손은 승객에게 청결함과 신뢰를 전달하는 상징적인 요인이 된다.

그리하여 항공사에서는 승무원의 용모 규정에 손톱 길이와 색상을 제한하고 있다. 이처럼 승무원에게 네일 케어는 비행을 위한 중요한 이미지 메이킹 요소이며 꾸준히 관리해야 하는 신체 부위이다.

(2) 올바른 손 관리 방법

① 보습 케어

건강한 손 관리의 첫 단계는 보습케어에 있다. 손의 피부는 눈가의 피부처럼 얇기 때문에 외부의 자극에 약한 피부이다. 특히 건조함은 주름과 같은 피부 노화의 원인이 되기 때문에 적절한 보습케어가 중요하다.

그리고 손 세정 후 손등을 중심으로 핸드크림을 잘 발라 주어 손을 보호해 주는 것이 좋다.

② 네일 케어

비행을 위한 손 관리는 보습과 각질뿐 아니라 손톱의 모양을 장식하는 것이 필요하다. 큐티클을 제거하고 손톱 모양을 스퀘어, 라운드, 오벌 등으로 만들어 이 위에 컬러를 입히는 작업을 하게 된다.

▲ 손톱 연출 모양

③ 항공사승무원의 네일 케어

항공사승무원의 네일은 손이 깨끗하게 보이며 직업의 전문성을 전달할 수 있는 컬러와 디자인을 골라야 한다. 국내 대형항공사의 경우 손톱의 길이와 색을 제한하는데 립스틱 컬러와 비슷한 명도와 채도의 핑크, 살구색 또는 스킨 톤의 컬러를 추천한다. 그러나 파츠와 같은 과도한 장식, 길이가 길고 날카로운 손톱 모양은 오히려 승객에게 불편함을 줄 수 있으며 청결해 보이지 않을 수 있으므로 주의한다. 또한 기내 식음료를 다루는 만큼 업무에 효과적인 네일 케어와 스타일을 연출하는 것이 필요하다.

▲ 올바른 네일 케어

Chapter 09

향기 이미지 메이킹

1) 승무원 향기 이미지의 중요성

"Perfume is the key to our memories– Kate Rord brown"

향기는 우리의 기억에 관한 열쇠이다.

▲ 향기 이미지

향기는 이미지이다. 우리는 후각을 통해 느껴지는 향기로 다양한 심상을 떠올릴 수 있다. 무더운 여름날에 맡게 되는 상쾌한 향은 청량함을 가져다주고, 옷깃을 여미게 되는 늦은 가을 맡게 되는 머스크 향은 우아한 고독을 가져다준다.

향수의 초기 형태는 향이 나는 식물의 잎에서 즙을 내어 몸에 바르거나, 나뭇가지를 태워 향이 몸에 베이도록 하였다. 긴 역사를 거쳐 동서양 모두 종교의 이유뿐 아니라 몸을 꾸미는 장식적 행동으로 향수를 사용해 왔다. 오늘날의 향수는 자연에서 얻은 다양한 향을 지닌 향수의 원액과 알코올을 배합해서 만들어진다. 이때 향수에 배합되는 알코올의 농도에 따라 향수의 진하기가 달라지고, 향이 지속되는 시간도 달라지는 특징을 가진다.

승무원에게 '향수'는 필수품이다.

답답한 기내에서 승무원의 좋은 향기는 신선함과 전문성을 느낄 수 있게 해 주는 중요한 요소이기 때문이다. 승무원들이 쓰는 향수는 독특한 개성이 느껴지는 향보다는 누구에게나 호불호가 없고 편안한 잔향을 가진 플로랄 계열이나 산뜻하고 기분 좋은 상쾌함을 줄 수 있는 시트러스 계열을 추천한다. 또한 승무원의 업무 특성상 식음료를 다루기 때문에 승객이 제공받는 식음료에 향수의 향이 묻어나지 않도록 주의해야 한다.

2) 향수의 분류

(1) 농도에 따른 분류

퍼퓸 Perfume	
향료 농도	15~30%
지속 시간	10시간 이상
특징	• 가장 높은 농도의 원액 • 알콜 순도 96% 알코올에 증류된 향수 • 지속성과 확산성 우수 • 저녁 외출 시 사용하면 좋음

오드퍼퓸 Eeu de Perfume	
향료 농도	8~15%
지속 시간	5~7시간
특징	• 퍼퓸 다음으로 진한 농도의 향수 • 알콜 순도 85~90%에 증류된 향수 • 낮 외출 시 사용 권장

오드투왈렛 Eeu de Toilette	
향료 농도	5~10%
지속 시간	3~5시간
특징	• 알콜 순도 80~85% • 향이 가볍고 부드러워 전신에 뿌릴 수 있음 • 휘발성이 강함

샤워코롱 Shower cologne	
향료 농도	1~3%
지속 시간	1시간
특징	• 향료의 농도가 옅고 향료 함량이 적음 • 목욕 후 가볍게 뿌려서 사용 • 바디용 제품으로 산뜻하고 상쾌하게 사용

오데코롱 Eau de Cologne	
향료 농도	3~5%
지속시간	1~2시간
특징	• 알콜 순도 75~80% • 농도가 진하지 않아 신선하고 상쾌한 느낌 • 운동이나 샤워 후 사용

향의 강도

퍼퓸 〉 오드퍼퓸 〉 오드투왈렛 〉 샤워코롱 〉 오데코롱

(2) 발향 단계에 따른 분류

① NOTE 노트

● 노트(Note): 냄새의 성격, 후각으로 느껴지는 향기의 느낌

발향 단계에 따라 향수를 뿌리고 난 후 5~10분 안에 맡을 수 있는 향기를 '톱 노트'라고 하고, 30분~1시간의 향기를 '미들 노트', 마지막에 남아 있는 향기를 '라스트 노트'라고 한다.

Structure of Aroma

Heart note

- Middle note
- 향수를 뿌린 직후 느껴지는 탑 노트에 이어서 느껴지는 향
- 향수를 뿌린 후 30분~1시간 경과된 안정된 향
- floral 계열, herbs 계열, spicy 계열

Top note

- Opening note, Head note
- 향수를 뿌린 직후부터 10분 이내 느껴지는 즉각적이고 가벼운 향기
- 향기를 특징하는 향수의 첫 인상
- citrus계열, aroma계열의 향

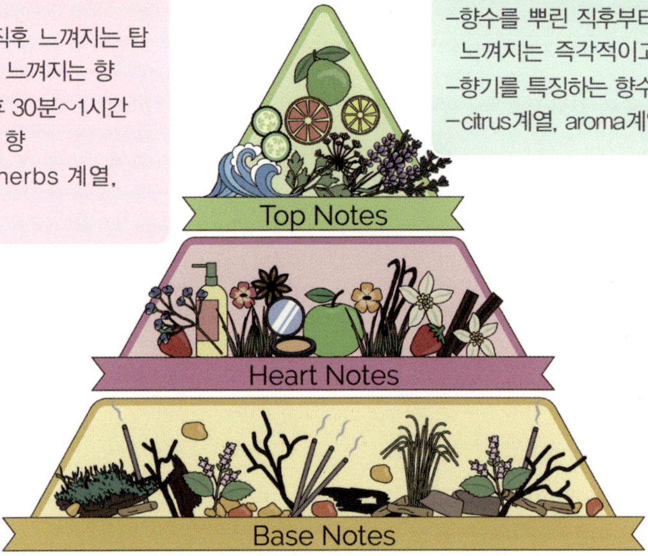

Base note

- 향수를 이루는 마지막 향
- 향수를 뿌린 후 2시간 이후 알코올과 향이 마르며 느껴지는 향
- 미들노트에서 가장 무거운 향으로 변화하는 향
- 사용자의 체향과 어울어져 오래 남는 향
- vanila 계열, sandalwood 계열, musk 계열

좋은 향기 고르기

향수를 처음 뿌리게 되면 향수 안에 농축된 알코올향이 먼저 느껴진다. 그러므로 향수를 뿌린 후 20~30분 정도 경과 후 알코올이 증발되고 자신의 체향과 함께 남아 있는 향기를 느끼는 것이 중요하다.

3) 향기 이미지 키워드

향기를 표현하는 조향용어

자신이 추구하는 이미지나 좋아하는 이미지에 따른 키워드를 고르고 그에 따른 향기 이미지를 연출하는 것이 좋다.

향기를 표현하는 조향용어

- **페미닌(feminine):** 여성적인 향
- **마스큘린(masculine):** 남성적인 향
- **매니쉬(mannish):** 중성적인 향
- **가벼운(Light):** 향이 진하지 않고 휘발성이 큰 향
- **무거운(heavy):** 향이 진하고 오래 가는 향
- **프레쉬(fresh):** 신선한 생기 있는 향
- **드라이(dry):** 메마른 가루 느낌의 향
- **스위트(sweet):** 달콤하고 부드러운 향
- **젠틀(gentle):** 부드럽고 깔끔한 향
- **액티브(active):** 강하고 자극적인 향
- **클래식(classic):** 내추럴 플로랄 노트의 향
- **쿨(cool):** 시원한 향
- **웜(warm):** 따뜻한 향, 동물의 체취 냄새
- **밸런스드(balanced):** 균형 잡힌 조합으로 조화된 향
- **하쉬(harsh):** 조화롭지 않고 균형 잡히지 않은 향
- **센슈얼(sensual):** 성적인 자극 효과가 있는 향
- **오리엔탈(oriental):** 동양적인 이미지를 주는 향
- **메탈릭(metallic):** 시원하고 깨끗한 느낌의 향
- **스모키(smoky):** 자연적인 가죽향, 그을린 듯 탄내가 나는 향

4) 향수 사용법 및 보관법

(1) 향수 사용법

▲ 올바른 향수 사용법

① 향수는 흔들어 사용하지 않는다

향수는 최상을 향을 낼 수 있도록 알코올과 향료들이 배합된 상태이므로, 향수 액체를 흔들어 사용할 경우 변질될 우려가 있다.

② 향수는 문질러 사용하지 않는다

향수는 뿌린 후 시간의 흐름에 따라 고유한 향을 발산한다. 그러나 손목이나 목에 향수를 도포 후 인위적으로 문지르게 되면 향이 변질될 수 있다.

③ 향수는 온도가 높고 움직임이 있는 곳에 뿌린다

향수는 맥박이 뛰는 위치처럼 지속적인 움직임이 발생하는 부위나 혈관이 지나가는 위치와 같이 다른 신체 부위보다 온도가 높은 곳에 뿌려 주면 은은하게 발향한다.

향은 아래에서 위로 발산되기 때문에 무릎에 향수를 도포하게 되면 걸을 때마다 움직임이 발생하며 발향에 효과적이다.

④ 향수는 땀이 나는 곳엔 사용하지 않는다

움직임이 많더라도 겨드랑이와 같이 땀이 많이 나는 신체부위에 뿌리게 되면 오히려 땀 냄새와 섞여 향이 변질되므로 사용하지 않는다.

⑤ 향수는 자외선에 직접 노출되는 곳엔 사용하지 않는다

향수의 주요 성분 중 알코올이 함유되어 있기 때문에 햇빛과 같은 자외선에 그대로 노출되면 향수의 변질뿐 아니라 피부염을 유발할 수 있기 때문에 주의한다.

⑥ 향수는 가죽, 실크, 흰색 섬유에 뿌리지 않는다

향수는 알코올과 기름을 함유한 향료원액이 포함된 액체이다. 가죽이나 실크, 그리고 흰색 섬유에 직접 분사할 경우 얼룩을 남길 수 있으므로 주의한다. 또한 옷의 겉감보다는 안감에 뿌리는 것이 좋고 상의보단 움직임이 발생하는 하의에 뿌리는 것이 좋다.

⑦ 향수도 TPO가 존재한다

향수도 패션처럼 장소와 시간, 상황에 따라 알맞게 연출해야 한다. 특히 사람의 후각은 호흡을 통해 지속적으로 열려 있는 감각인 만큼 장소, 시간, 상황에 따라 향기의 종류나 농도를 조절하여 연출하는 것이 바람직하다.

▲ 다양한 향수 제품

(2) 향수 보관법

향수는 화장품의 한 종류로 햇빛, 공기, 시간에 의해 변질 가능성이 있다. 향수 보관방법과 사용기간을 숙지하여 올바른 사용이 필요하다.

① 향수에도 유통기한이 있다

향수는 개봉 후 1~2년 내에 사용하는 것이 좋다. 왜냐하면 향수의 알코올 성분이 공기가 유입되면 변질 가능성이 발생하므로 향을 풍부하게 즐기려면 1~2년 안에 사용하는 것이 가장 좋다.

② 향수는 서늘한 곳에 보관한다

향수의 원료인 알코올과 향료는 직사광선과 온도에 따라 변질될 수 있다. 직사광선이 차단되며 어둡고 서늘한 실온에 보관하는 것이 좋다.

향수 보관에 가장 적절한 온도는 15℃로 실온 보관을 추천한다. 그 이유는 저온에서 보관할 경우 기름 성분으로 이루어진 향료의 원액이 분리되어 알코올향이 더 강해질 우려가 있기 때문이다.

③ 향수는 공병에 담아 휴대한다

향수를 사용하면 향수병 내에 빈 공간이 생긴다. 이 공간은 공기로 채워지는데 이때 병 안에 유입되는 공기는 향수 원액의 산화를 일으킬 수 있다. 그래서 향수의 향을 풍부하게 사용하기 위해서는 휴대용 공병에 담아 휴대하는 것을 권장한다. 향수병이 흔들리면 그만큼 공기와 접촉하여 산화되기 때문에 휴대 시 휴대용 공병이나 미니어처 제품 사용을 권장한다.

④ 변질된 향수 구분법을 숙지한다

향수의 색이 노란빛을 띠며 진하게 변한 경우, 향수병 분사구 주변이 끈적끈적하며 액체 또한 점성이 생긴 경우, 향수의 알코올과 기름성분의 향료가 분리된 경우 향수가 변질된 것이므로 사용을 중단한다.

PART

3

이미지 메이킹의 완성, Communication

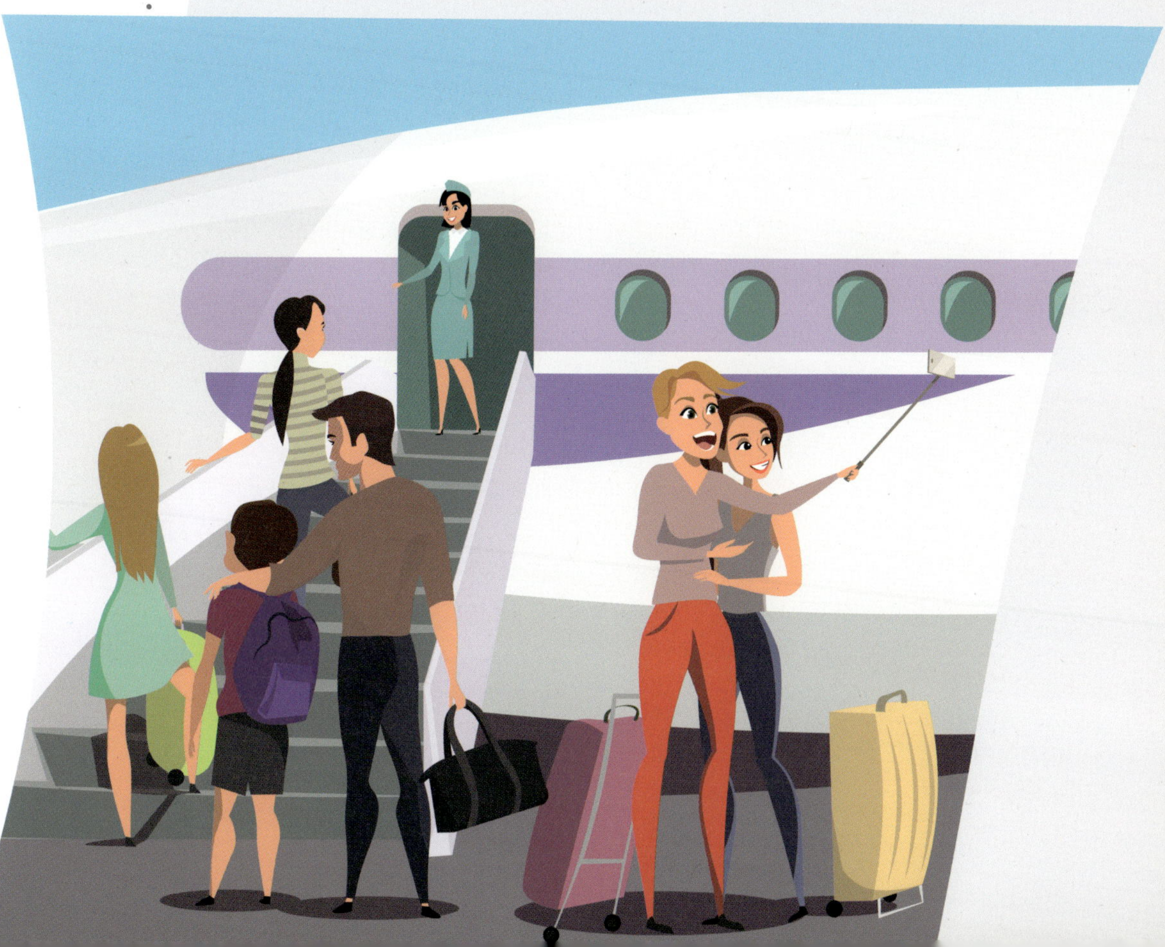

보이스 이미지 메이킹

1) 발성 및 발음의 중요성

발성과 발음은 좋은 목소리를 만들기 위한 기본적인 요소이다. 발성은, 음성의 높낮이에 변화를 주면 듣는 사람에게 생동감 있고, 전달력 있게 의사를 표현할 수 있다. 또한 좋은 목소리의 공명을 유지하기 위해서는 톤을 유지하며 자신의 표현 방법에 맞추어 자유롭게 조절할 수 있어야 한다. 하지만 '좋은 목소리'라고 하면 사람마다 생각하는 기준이 다르고, 정의 내리기 어렵다. 상황과 때에 맞게 대체로 호감을 줄 수 있고 듣기 좋은 목소리가 존재한다.

(1) 호흡법

타인에게 호감을 줄 수 있는 목소리의 발성을 유지하려면 건강한 성대와 호흡법이 중요하다. 호흡이 좋더라도 성대가 약하거나, 건강하지 않다면 좋은 발성을 내기는 어렵기 때문이다. 두 가지가 잘 맞물려 발성을 이루는데, 기본적인 발성 매커니즘을 고려할 때 성대 못지않게 올바른 호흡법이 필수적이다. 호흡은 우리의 성대 안에 성대 점막을 진동하게 하고, 크게 흉식호흡, 복식호흡으로 나눌 수 있다. 먼저 흉식호흡은 가슴(흉강)을 사용하여 숨을 쉬는 것을 말한다. 호흡할 때 횡격막이 내려가고 폐가 팽창하면서 늑골(갈비뼈)이 들리며 호흡한다. 흉식호흡의 문제점은 횡경막을 불안전하게 사용하여 올바른 자세를 유지하기 어렵다는 것이다. 횡격막은 호흡근의 역할과 동시에 자세 유지역할도 하기 때문이다. 고개가 앞으로 쭉 나온 거북목이나 자세가 구부정할 때 올바른 발성 역시 유지하기 어렵다. 흉식호흡을 많이 하게 되면 목을 무리하게 사용하여 목에 긴장감을 주어 제대로 된 목소리를 낼 수 없게 만든다.

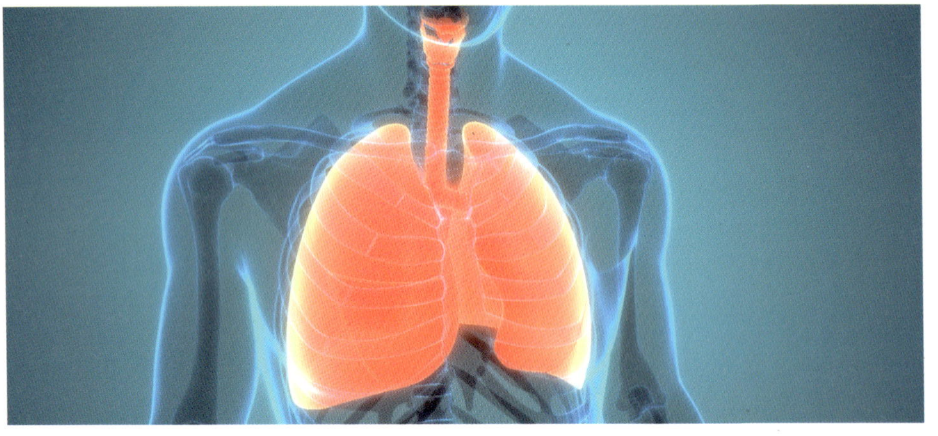

▲ 흉식호흡

(2) 복식호흡

복식호흡은 가슴(흉강)이 아닌 배의 복근을 이용해 횡격막을 움직이는 호흡법을 말한다. 이는 배가 앞으로 튀어나오는 횡격막의 근육을 수축하며 가슴(흉강)을 넓히는 방법이다. 발성을 위한 복식호흡이라 하면 무조건 배를 내밀며 호흡해야 한다고 생각한다. 그러나 이는 잘못된 정보로 배의 복근을 이용해 횡격막을 움직여야 좋은 발성을 낼 수 있다. 복식호흡의 기본은 배 안의 공간(복강)을 온전히 사용해서 호흡하는 것이다. 가수가 노래를 부를 때, 한숨에 길게 노래를 부르는 이유는 복강을 완전히 활용하여 폐에 보관하는 공기의 양을 충분히 하여 노래를 부르기 때문이다. 따라서 좋은 발성을 내기 위해서는 중간에 자주 숨을 쉬며 호흡을 내뱉는 흉식호흡보다 복식호흡이 도움이 된다. 따라서 건강한 성대와 호흡으로 올바른 발성을 연습하면, 발성연습만으로도 두려움이 감소하고 마음의 여유와 자신감이 생겨 더 효과적인 스피치를 가능하게 한다.

① 발성연습법

- '아' 모양으로 입을 크게 벌린다.
- 목소리의 크기를 작은 음성부터 큰 음성까지 점진적으로 소리를 낸다.
- 목의 근육을 사용하지 않고 편안하게 한다.
- 복식호흡으로 복강을 사용하여 호흡하며 소리를 낸다.
- 호흡을 조절하며 숨을 들이쉬고 내쉬는 연습을 반복한다.

② 복식호흡법

- 몸 전체의 긴장감을 완화하기 위해 최대한 편안한 자세(예: 가부좌 자세)를 취한다.
- 코로 숨을 힘껏 들여 마신 후, 입으로 숨을 내쉰다.
- 들숨일 때 배의 근육을 이용하여 배를 최대한 부풀리고, 가슴이 올라가지 않도록 주의한다.
- 숨을 다 들여 마신 후 3초 정도 멈추고 천천히 내쉰다.
- 날숨일 때 천천히 입으로 내쉬며 아랫배를 깊게 넣어 주며 호흡한다.
- 위와 같은 방법으로 자신의 호흡량에 맞게 반복적으로 연습한다.

③ 발음

발음 역시 발성과 더불어 복식호흡에 맞추어 연습하여, 좋은 목소리를 낼 수 있어야 한다. 목소리를 고르게 하는 데 쓰이는 조음 기관은 입술, 치아, 혀, 인두, 비강 등이 있다. 각각의 가관들이 일정한 규칙을 따라 음성 언어인 낱말과 문장을 소리로 표출한다. 이를 소릿값이라고 한다. 성대를 통해 나온 소리는 정확한 발음을 통해 언어로 표현된다. 우리나라 한글은 자음 19개와 모음 21개를 조합하여 단어를 만들고, 자음은 모음과 합쳐져 소리를 낸다. 스피치를 할 때 발음이 부정확하게 표현되는 예는 다음과 같다.

- 혀의 움직임을 더디게 하여 짧은 발음을 내거나 혀가 말린 발음을 낼 때
- 단어의 모양대로 입술을 제대로 오므리고 벌리지 않고 발음을 어눌하게 낼 때
- 치아가 빠져 있거나, 고르지 못한 상태에서 발음이 샐 때
- 자신감 없는 작은 목소리로 우물거리며 발음할 때

발음이 부정확하면 듣는 사람에게 전달력 있게 말할 수 없고, 자신감 없는 모습으로 인식될 수 있다. 또한 불분명한 발음은 상대방을 대화에 집중하지 못하게 하고, 답답하게 만들 수 있다. 웅얼거리는 상대와 대화를 한다고 생각해 보면 상대에 대한 호감도가 낮아질 수 있다. 정확한 발음을 연습하기 위해서는 기자나 아나운서, 리포터 등 대중에게 뉴스나 정보를 전달하는 직업인들의 스피치를 주의 깊게 살펴보자. 발음을 할 때 입 모양과 목소리 톤, 속도 등을 흉내 내는 것부터 어렵지 않게 시작할 수 있다.

정확한 발음은 앞서 이야기한 조음 기관을 원활하게 사용해야 구사할 수 있다. 발음이 보이스 메이킹하기 위해 가장 중요한 이유는 대화하는 상대의 집중도를 높이고, 신뢰감을 주기 때문이다. 발음은 스피치의 가장 기본적인 기초체력이라는 것을 명심하자.

✲ 조음기관을 활용해 발음 연습을 해 봅시다

① 혀의 움직임을 크게 하여 입안 구석구석 움직여 준다.
② 최대한 입을 크게 벌려 '아, 에, 이, 오, 우'를 10번 이상 반복한다.
③ 큰 목소리로 혀를 힘차게 차올리며 '똑딱똑딱'을 10번 이상 반복한다.
④ 최대한 입술에 힘을 빼고 '파르르르' 입술을 떨며 스트레칭한다.
⑤ 정확한 발음으로 "안녕하세요", "저는 ○○○입니다"를 연습한다.

이 밖에도 기본적인 발음 연습법과 난이도 높은 발음 연습법을 동시에 병행하며 자신에게 어려운 발음은 무엇이 있는지 파악하여야 한다. 정확한 발음을 구사하기 위해서는 목소리 톤의 조절과 문장의 장단음에도 신경써야 한다. 기본적인 발음 연습법과 어려운 발음 연습법을 통해 보이스 이미지 메이킹을 해 보자.

기본적인 발음 연습법 1단계

가 나 다 라 마 바 사 아 자 차 카 타 파 하
갸 냐 댜 랴 먀 뱌 샤 야 쟈 챠 캬 탸 퍄 햐
거 너 더 러 머 버 서 어 저 처 커 터 커 허
겨 녀 뎌 려 며 벼 셔 여 져 쳐 켜 텨 펴 혀
고 노 도 로 모 보 소 오 조 초 코 토 포 호
교 뇨 됴 료 묘 뵤 쇼 요 죠 쵸 쿄 툐 표 효

어려운 발음 연습법 2단계

1. 중앙청 쇠창살은 쇠철창살이고 검찰청 쇠창살은 쌍철창살이다
2. 들의 콩깍지는 깐 콩깍지인가 안 깐 콩깍지인가. 깐 콩깍지면 어떻고 안 깐 콩깍지이면 어떠한가
3. 옆 집 팥죽은 붉은 팥죽이고, 뒷집 콩죽은 검은 콩죽이다
4. 고려고 교복은 고급교복이고 고려고 교복은 고급원단이다
5. 귀돌이네 담 밑에서 귀뚜라미가 귀뚤뚤뚤 똘똘이네 담 밑에서 귀뚜라미가 귀뚤뚤뚤

2) 나에게 맞는 보이스톤

목소리는 자신의 첫인상을 좌우하는 중요한 요인이고, 제2의 얼굴이라고 할 수 있다. 상대를 편안하게 하는 좋은 목소리는 좋은 이미지를 만들어 매력적으로 느끼게 한다. 각자가 가진 고유의 목소리는 소리를 내는 조음 기관의 움직임이 오랜 기간 습관처럼 굳어져 만들어진 것이다. 고유의 목소리의 톤이나 발성을 변화시키는 것은 많은 노력이 필요하므로 목소리를 결정하는 성대 근육을 움직이는 연습을 통해 자신에게 맞는 올바른 톤을 찾아 목소리 개선을 해야 한다. 중저음의 목소리는 사람의 마음을 편하게 만들어 준다면, 힘 있고 울림이 있는 목소리는 말의 신뢰감을 더한다. 자신에게 맞는 톤을 찾기 위한 다양한 방법을 알아보자.

(1) 자신에게 맞는 고유의 보이스톤을 찾아라

앞서 설명한 바와 같이 오랜 기간 습관처럼 만들어진 자신의 보이스톤을 인위적으로 변화시키는 것은 상대에게 어색하게 들리게 할 뿐 아니라, 성대를 상하게 할 수 있다. 바이올린, 첼로, 콘트라베이스와 같은 악기를 예로 들어 보자. 악기가 가지고 있는 고유의 톤과 색깔이 다르기 다르다. 이를 어색하게 다른 음으로 변형시킨다면 어색하게 들릴 것이다. 고유의 목소리는 개인이 가진 성대의 모양이나 키, 몸의 형태에 따라서도 다를 수 있다. 따라서 내가 가진 음역대와 음색을 파악하는 것이 중요하다.

▲ 다양한 소리를 내는 악기

(2) 디테일한 보이스톤을 찾아라

자신이 음역대를 파악하고 더 정확한 보이스톤을 찾기 위한 방법을 제시해 본다. 우리 목에는 발성 기관을 뜻하는 울대와 울대뼈가 있다. 울대뼈에 손을 가져다 대고 침을 삼키면 울대가 움직이는 것을 느낄 수 있다. 울대에 손을 대고 고음과 중음, 저음을 차례로 내 보자. 가장 편안한 소리를 낼 수 있는 울대의 위치가 자신의 보이스톤의 위치이다.

(3) 쉐도잉을 활용하자

쉐도잉은 단순히 누군가의 발성이나 보이스톤을 따라하는 것에 그치지 않고 발음, 호흡법, 장단음 등 전체적인 발음 개선에 도움을 줄 수 있다. 자신의 음역대가 비슷하고 발음이 정확한 대상을 선정하여 쉐도잉을 활용하면 발음의 강세, 억양, 리듬과 속도가 향상되어 자연스러운 보이스톤을 구사할 수 있다. 쉐도잉을 할 때 한꺼번에 많은 양을 흉내 내기보다 짧은 분량을 집중력을 갖고 정확하게 발음하려고 노력하는 것이 중요하다.

(4) 긴 호흡으로 긴 문장을 소화하자

긴 호흡을 갖는 것은 호흡을 개선하는 좋은 방법이다. 앞서 설명한 복식호흡으로 목이 아닌 아랫배에 힘을 주어 호흡법을 개선해 좋은 보이스톤을 유지해야 한다. 노래하는 가수들은 복식호흡을 통해 엄청난 폐활량으로 노래한다. 들이마시는 공기의 양을 최대한 많게 하여 내쉴 때 조금씩 나누어 쓰며 노래하면 풍부한 성량과 가창력을 뽐낼 수 있다. 아나운서가 스크립트를 읽을 때도 마찬가지다. 긴 호흡으로 숨을 들이마시고 내쉬는 숨을 조금씩 분배하여 긴 문장을 읽는다. 긴 호흡을 갖기 위해 뉴스 원고를 읽어 보자. 호흡할 구간을 최소화하여 올려 읽어야 할 음과 내려 읽어야 할 음을 체크하여 리듬감을 가지고 읽는 연습을 반복해야 한다.

▲ 보이스 관련 이미지

✲ 호흡할 부분에 체크하여 연습해 봅시다

오늘도✓남부 지방 곳곳에✓집중호우가 이어지겠습니다.✓태풍의 가능성은 적어졌으나✓이번 주 내내✓국지적으로 강한 비가✓자주 내릴 것으로 보여✓주의가 필요합니다.✓현재✓가장 강한 비가✓집중되고 있는 곳은✓경남과 강원 지역인데요.✓특히 ✓강원도 속초에는✓시간당 50mm 안팎의 비가✓거세게 내리겠습니다.✓

(5) 입안의 공명(울림)을 활용하자

정확한 발음은 발음하는 입의 모양과 크기와도 상관이 있다. 입을 작게 벌리고 발음을 하면 입안의 울림을 만들기 위해서 입의 모양을 최대한 동그랗게 만든다. 입을 작게 벌려 발음할 때 제대로 메시지를 전달할 수 없고, 상대를 답답하게 할 수 있다. 입을 최대한 동그랗고 크게 벌려 공간을 확보해 주고, 소리를 내뱉을 때 혀의 위치를 최대한 낮게 한다. 그 공간에서 소리를 내뱉으면 훨씬 더 풍부한 성량과 정확한 발음을 구사할 수 있다. 이러한 입안의 공명을 이용하면 답답한 소리가 뻥 뚫리며 음폭이 길어져 음질이 고와지는 효과를 가져온다.

▲ 입을 크게 벌려 '아' 소리를 낼 때

▲ 입을 작게 벌려 '우' 소리를 낼 때

(6) 좋은 스피치를 위한 방법

좋은 보이스톤을 위한 기본적인 사항을 점검하였다면, 리듬을 실어 스피치하는 방법을 연습해야 한다. 스피치에 리듬을 넣어 마치 노래하듯이 말하는 방법으로, 발성학자들은 '동그란 목소리'라고 표현한다. 노래하듯 부드러운 호흡으로 스피치하면 말의 전달력이 높아진다. 예를 들어, 첫음절에 악센트를 주면 자연스럽게 리듬이 단어에 실려 생동감 있고 전달력 있는 스피치가 가능해진다. 리듬을 실은 스피치를 연습해 보자.

① 긴 호흡으로 호흡을 아끼자

'반.갑.습.니.다'를 발음한다고 가정해 보자. 한 단어당 호흡을 넣어 발음한다면 발음을 하기 어렵고 한꺼번에 많은 호흡이 빠져나간다. '반갑습니다'에 리듬을 실어서 발음하면 긴 호흡으로 문장을 한 번에 발음할 수 있다. 단어를 쪼개 동그라미를 그려 연결하고 리듬을 실어 발음한다.

✲ 리듬감을 실어 문장을 연습해 봅시다

안녕하세요.
환영합니다.
점심 식사는 드셨어요?
오늘도 좋은 하루 보내셨나요?
날씨가 더운데 시원한 얼음물 한 잔 준비해 드릴까요?

② 악센트(Accent)를 넣어 발음해 보자

목소리를 낼 때 무미건조하거나 지루하게 발음하지 않기 위해서 문장의 핵심인 단어에 악센트를 넣어 발음해 준다. 숫자나 날짜는 강조해서 읽고, 체언(문장에서 주체적인 성분으로 쓰이는 단어)이나 수식 단어(형용사, 부사) 역시 강하게 발음하여 리듬감을 준다.

✻ 악센트(Accent)를 넣어 연습해 봅시다

올해 휘발유의 주유소 평균 판매 가격이 200일 연속 상승하였습니다.
한국석유공사는 휘발유의 전국 평균 가격이 지난해 10월 5일 이후 이달 10일까지 200일 동안 하루도 빠짐없이 올랐다고 밝혔습니다.

③ 스타카토 리듬을 활용해 힘 있는 보이스톤을 만들어 보자

스타카토는 단어 하나하나를 끊어 읽는 것으로, 강하고 힘 있는 목소리로 문장을 읽어야 한다. 상황에 따라 자신의 주장에 힘 있고 강한 목소리를 내야 한다. 연설이나 토론회에서 스타카토 리듬을 활용하는 장면을 볼 수 있을 것이다. 스타카토 리듬을 활용하여 어미를 끌어서 읽지 않고 스타카토로 정확하게 끊어 주어야 상대에게 신뢰감을 줄 수 있다. 반대로 친근감을 주기 위해서는 어미를 낮고 부드럽게 발음하는 것이 좋다. 어미의 변화만으로도 목소리와 메시지에 변화를 줄 수 있음을 기억하자.

▲ 스피치 관련 이미지

3) 문장 발성 활용법

기본발성법을 통해 문장에 응용하여 연습해 본다. 먼저 기본발성 5단계를 활용하여 소리의 크기를 조절할 수 있다.

(1) 기본발성법

- 1단계(10): 매우 작음
- 2단계(25): 작음
- 3단계(50): 중간
- 4단계(75): 큼
- 5단계(100): 매우 큼

기본발성법을 연습하고 익혔다면 다음 단계로 입을 최대한 크게 벌려 발음하며 음량을 조절한다. 복식호흡을 통해 음량을 자유자재로 조절할 수 있도록 연습한다.

기본발성을 10부터 100까지 쪼개어 심화된 발성으로 정확한 발음을 연습하고, 풍부한 성량으로 자신감 있는 목소리를 갖도록 한다.

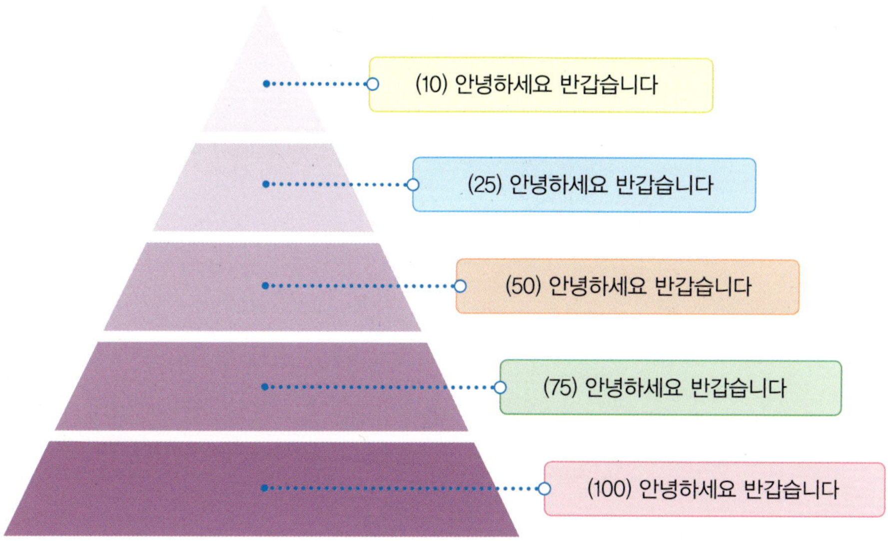

▲ 기본발성 1단계

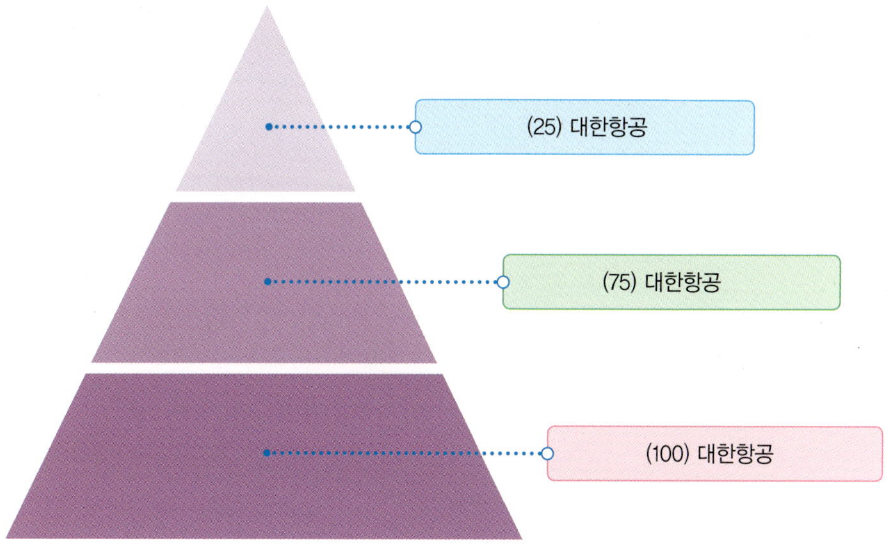

▲ 기본발성 2단계

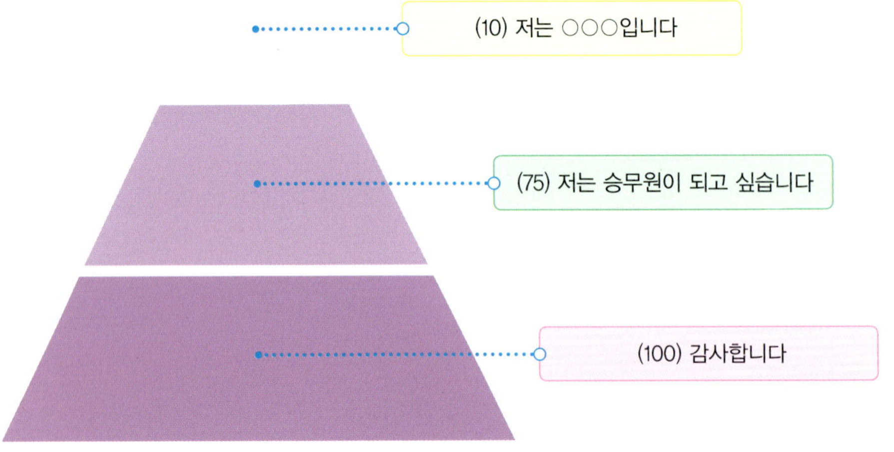

▲ 기본발성 3단계

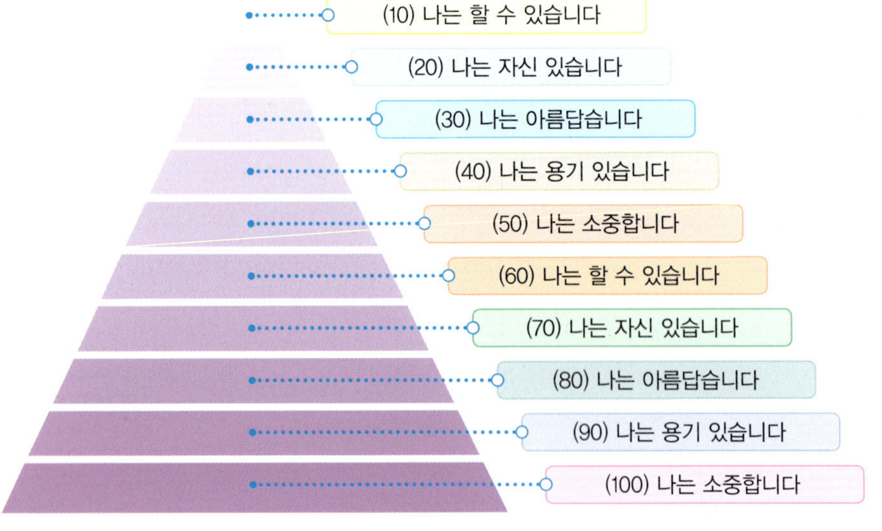

▲ 심화발성 1단계

▲ 심화발성 2단계

(2) 문장 응용 연습

발성 활용법을 연습한 후, 문장의 단어를 정확하게 발음하며 문장 응용 연습을 한다.

종합 응용 연습 1

SBC 뉴스 속보입니다. 강남구 서초역에서 붉은 팥, 풋 팥죽대회가 열렸습니다.
동식이네 옆집 찬수 씨는 붉은 팥, 풋 팥죽대회에 도전했고, 뒷집 미숙이네 콩숙 씨는 단콩 햇콩 콩죽대회에 도전했다고 합니다. 마지막 도전자인 철민이네 앞집 깨죽 씨는 검은깨 통깨 들깨대회에 도전했다고 합니다. 동식이네 옆집 찬수 씨는 붉은 팥, 풋 팥죽대회에서 승리하여 매우 기뻐하였고, 동식이네 뒷집 미숙이네 콩숙 씨 역시 단콩 햇콩 콩죽대회에서 준우승을 거머쥐며 승리를 만끽했습니다. 철민이네 앞집 깨죽 씨는 검은깨 통깨 들깨대회에서 안타깝게 실패하였습니다. 이로써 붉은 팥, 풋 팥죽대회와 단콩 햇콩 콩죽대회, 검은깨 통깨 들깨대회를 성황리에 잘 마침으로써 지역의 경제발전과 더불어 지역홍보에도 톡톡한 영향을 미쳤습니다.

이상 강남구 서초역에서 SBC 김나리였습니다.

종합 응용 연습 2

안녕하십니까? SBC뉴스 김나리입니다.

지난달 ○○자동차 트래버스가 익스플로어를 제치고 대형SUV 판매 1위를 탈환했습니다. 이번에 출시된 트래버스는 SUV 동급 모델 중 가장 넓은 공간과 편안한 승차감, 고배기량 자연흡기와 가솔린 엔진을 강점으로 자동차 시장에 큰 반향을 불러일으키고 있습니다. 지난해 한국수입자동차협회에 ○○자동차가 가입하며 판매량에 대한 집계가 빨라졌고, ○○자동차는 이를 앞다투어 홍보하기 위해 나섰습니다.

익스플로어는 트래버스보다 10년 이상 앞선 2000년에 3세대 모델이 국내 출시되었습니다. SUV가 인기를 끌기 시작한 2010년 4세대 모델 이후부터 선풍적인 인기를 끌어 사실상 효자모델로 익스플로어가 늘 손꼽혔습니다. 맞수가 없다고 평가를 받아 온 익스플로어의 탄탄대로를 트래버스가 막아섰습니다. 과연 트래버스의 인기비결은 무엇일까요?

체크 포인트

발성과 정확한 발음, 리듬감을 넣어 문장의 흐름에 맞게 읽는 것이 포인트! 세 번 이상 반복하여 연습해 보자.

4) 기내 방송문으로 연습하는 보이스 메이킹

기내방송의 주요한 목적은 항공기에 탑승하는 승객들에게 올바른 항공기 정보를 제공하는 것이다. 기내방송에는 항공기 운항 및 안전, 기내서비스에 관련된 내용이 포함되어 있다. 기내방송은 승객들의 안전하고 편안한 여행을 위해 기내시설에 대한 서비스 안내, 비행기 안전사항에 대한 안내, 기타 항공 운항에 필요한 지식 전달 등 다양한 기능을 한다. 따라서 항공기 탑승객이 정확하게 인식하고 이해할 수 있도록 기내 방송문은 간결하고 명료해야 하며 상황에 따라 적시적기에 이루어져야 한다.

(1) 기내방송 4단계

항공사에서 승객에게 제공되는 기내방송의 순서는 크게 4단계로 나눌 수 있다.

① Pre-flight check

이륙 전 단계에서 하는 기내방송은 승객과의 첫 비대면 만남이라 할 수 있다. 따라서 밝고 경쾌한 환영 인사와 함께 승객들에게 지상에서 해야 하는 정보를 전달해야 한다. 좌석 안내와 더불어 수하물 보관 방법, 전자기기 사용법 등에 대한 정보가 담겨 있다. 승객의 탑승 진행 상황에 맞춰 1차와 2차로 나누어 방송하기 때문에 서두르거나 조급한 마음으로 방송하지 않고 차분하게 정확한 발음과 경쾌한 톤으로 방송해야 함을 잊지 말아야 한다.

PREPARATION FOR DEPARTURE * 경쾌하고 밝은 어조로

손님 여러분, 로스엔젤레스까지 가는 저희 ○○항공 001편을 이용해 주셔서 감사합니다.
안전한 여행을 위해, 갖고 계신 짐은 앞 좌석 아래나 선반 속에 보관해 주시기 바랍니다.
또한 항공법에 따라 기내사용이 금지된 휴대전화 및 전자제품의 전원을 꺼 주십시오.
아울러 선반을 여실 때는 안에 있는 물건이 떨어지지 않도록 주의해 주시기 바랍니다.
감사합니다.

출처: 대한항공 기내방송문 일부

② Welcome

환영 인사 기내방송이야말로 고객들에게 활기차면서 정중한 어조로 실시하여 고객들이 고품격 기내서비스를 기대하실 수 있도록 해야 한다. 환영 인사 기내방송에 맞추어 객실승무원은 해당 서비스구역 전방에서 승객을 향해 정중하게 인사를 드린다. 따라서, 기내 방송자는 객실승무원들이 각 구역에 승객 환영 인사를 위해 대기하였는지 확인하고, 다급하거나 긴장된 톤으로 인사하지 않도록 각별히 주의해야 한다.

③ In-flight service

이륙 후 항공기가 순항 시 'Seatbelt sign off' 방송을 실시한다. 이 방송은 항공기가 안전하게 이륙하여 적정 고도에 다다랐을 때, 승객과 승무원이 객실 내에서 이동이 가능하다는 내용을 담고 있다. 즉, 항공여행의 본격적인 시작을 알리는 방송이다. 좌석벨트의 상시 착용 안내, 기내지와 각종 항공 정보들에 대한 다양한 정보를 전달하기 때문에 문장을 정확하고 자연스럽게 읽어야 한다. 기내 판매 안내방송문을 읽을 경우, 면세품 구매 방법, 사전 주문 제도, 도착지의 면세 허용량 등의 정보를 담고 있어 방송문에 담긴 의미에 맞는 자연스러운 호흡법과 끊어 읽기를 통해 전달력을 높여 읽는다.

'Turbulence' 방송 역시 운항 중 갑작스럽게 기체가 흔들리거나 비정상적인 상황이 발생했을 경우, 실시해야 하는 기내방송이다. 이는 일정한 시점에 따라 실시하는 기내 방송문과는 별개로 기장으로부터 기체의 요동이 예상되는 신호를 받게 되면 반드시 실시해야 하는 방송문이다. 기체의 요동은 승객의 안전과 직결되어 있어 신속하고 단호한 어조로 실시하는 것이 좋다. 안전에 관한 기내 방송문은 승객들이 정확하게 전달받아 신속하게 행동으로 옮길 수 있도록 어눌한 말투로 읽거나, 급하게 읽지 않도록 유의한다.

TURBULENCE * 절제된 말투를 유지하며

손님 여러분,
1) 비행기가 흔들리고 있습니다 2) 기류가 불안정합니다
자리에 앉아, 좌석벨트를 매 주시기 바랍니다.

손님 여러분, 비행기가 계속해서 흔들리고 있습니다.
좌석벨트를 매셨는지 다시 한 번 확인해 주시고, 화장실 사용은 삼가시기 바랍니다.

출처: 대한항공 기내방송문 일부

④ Farewell

항공기가 착륙한 후, 승객들에게 감사의 마음을 담아 정성스럽고 밝은 톤으로 방송한다. 하기인사 기내 방송문에는 도착지 날짜, 시각, 목적지 공항 명칭, 도착지 기온 등의 내용이 있다. 기내방송 담당자는 착륙 후, 비행기 엔진의 소음이 소거된 후 실시한다.

FAREWELL * 부드럽고 밝은 어조로

손님 여러분, 우리 비행기는 동서양이 조화를 이루는 동양의 진주, 홍콩에 도착했습니다.
지금 이곳은 7월 8일 오후 10시 10분이며, 기온은 섭씨 25도입니다.
손님 여러분, 오늘도 여러분의 소중한 여행을 저희 ○○항공과 함께 해 주셔서 대단히 감사합니다. 저희 승무원을 비롯한 모든 직원들은 앞으로도 손님 여러분의 여행이 항상 안전하고 편안할 수 있도록 최선을 다하겠습니다.
감사합니다.

출처: 대한항공 기내방송문 일부

이처럼 기내방송은 상황에 맞게 승객들에게 올바른 정보를 정확하게 전달해야 하는 중요한 기내서비스 중 하나이다. 승객들의 즐거운 여행의 길잡이가 되어 주고 항공여행에 필요한 정보를 즉각 전달해 주며, 비정상 상황에서 승객을 적절히 통제하여 효율적인 서비스를 제공할 수 있다. 기내방송은 승객 한 사람 한 사람을 직접 대면한다는 마음가짐으로 대화하듯 친절하고 성의 있게 해야 한다. 따라서 선천적인 보이스 톤과 자질을 뛰어넘어 충분한 연습을 통해 부드럽고 자연스러운 보이스 메이킹을 해야 한다.

Chapter 11

커뮤니케이션 이미지 메이킹

1) 커뮤니케이션의 정의와 중요성

커뮤니케이션은 인간이 자신의 의사를 전달할 수 있는 가장 기본적인 의사소통 방법이다. 의사소통은 '가지고 있는 생각이나 뜻이 서로 통한다는 것'이다. 의사를 전달하고 상호 교류가 일어나며 감정과 의견, 사상 등을 받아들이는 과정이 커뮤니케이션 과정이라고 할 수 있다.

(1) 커뮤니케이션의 이해

커뮤니케이션은 라틴어 'Communicare'에서 유래했으며 '함께 나눈다' 또는 '공유하다'라는 어원에서 비롯되었다. Communicare의 명사형은 Communis로 사람들의 모임이나 공동체를 뜻하는 Community의 어원에서 유래했다. 단어가 가지고 있는 어원의 유래를 살펴보면 커뮤니케이션은 단순히 자신의 의견과 감정을 전달하는 것에 국한되지 않는다. 전달하고자 하는 상호 간의 메시지를 통해 경험을 함께한다는 뜻이 담겨져 있다. 학교에 입학하고 처음 만나는 친구와 대화를 통해 급속도로 친해진 경험이 있는가? 분명 둘 간의 공통의 경험을 함께 나누었기 때문에, 더욱 가까워졌다고 느꼈을 것이다. 경험을 공유하는 것이 상대를 공감할 수 있는 원천이 된다. 주의 깊게 생각해 봐야 할 것은 커뮤니케이션과 스피치를 혼동하지 않아야 한다는 것이다. 스피치는 자신이 전달하고자 하는 의견과 감정을 일방적으로 상대방에게 전달하여 자신이 원하는 목표와 방향으로 이끌어 가려는 의도가 강하다. 그러나 커뮤니케이션은 상호관계의 공감이 전제된 대화 방법이라는 점을 기억하자.

(2) 커뮤니케이션 환경

현대 사회는 커뮤니케이션 환경도 급속도로 변화하고 있다. 4차 산업혁명의 시대에 접어들면서 IT기술이 발전하고 메시지를 주고받을 수 있는 다양한 플랫폼이 개발되고 있다. 누구나 마음만 먹으면 자신의 이야기를 미디어를 통해 자유롭게 소통할 수 있고, 직접 대면하지 않아도 자신의 생각을 쉽게 표현할 수 있다. 커뮤니케이션의 방법이 다양해졌다는 긍정적인 측면도 있지만, 부정적인 측면도 분명하게 드러난다. 소셜네트워크와 미디어를 통해 자신의 메시지를 일방적으로 전달하고, 타인의 의견을 모욕하거나 비방하는 사례도 늘고 있다. 건강한 소통을 위한 공감 대신 일방적인 의견 전달과 상대방에 대한 비하 등으로 커뮤니케이션의 진정한 의미를 훼손할 수 있다. 따라서 커뮤니케이션의 진정한 의미와 중요성을 이해하고, 사람과 사람 사이를 연결하는 도구로써 올바르게 활용하는 것이 매우 중요하다. 올바르게 활용한다면 다양한 인간관계를 구축할 뿐만 아니라, 풍요로운 삶의 질을 높이는 방법이 될 것이다.

커뮤니케이션은 입으로 전달되는 말만을 포함하는 것이 아니다. 자신의 감정과 태도, 신념, 정보를 전달할 수 있는 모든 수단이 커뮤니케이션의 요소가 된다. 따라서 커뮤니케이션은 언어적 커뮤니케이션과 비언어적 커뮤니케이션으로 나누어 볼 수 있다.

① 언어적 커뮤니케이션

언어적 커뮤니케이션은 구두에 의한 커뮤니케이션, 문서에 의한 커뮤니케이션을 말한다. 효과적인 커뮤니케이션을 위해 추상성이 높은 언어를 선택하여 의사를 전달하기보다 구체적인 개념을 가진 언어로 대화하는 것이 좋다. 학교 혹은 직장에서 정보를 전달할 때는 상대가 이해하기 쉽고 명확한 단어를 사용하여 상황과 분위기에 맞는 커뮤니케이션이 필요하다. 예를 들어, 항공사 객실승무원의 경우, 고객에게 전문용어를 사용하거나 추상적 언어를 사용하면 고객과의 커뮤니케이션 장애를 가져올 수 있다. 따라서 고객 응대 시, 올바른 커뮤니케이션은 고객에게 신뢰감을 주어 고객의 긍정적인 반응을 이끌어 내는 매개체가 된다.

② 비언어적 커뮤니케이션

비언어적 커뮤니케이션은 언어가 아닌 감정 소통의 상태로서 표정, 눈빛, 몸짓, 태도 등을 말한다. 의사소통 시, 비언어적 커뮤니케이션의 요소가 많이 포함되기 때문에 매우 중요한 부분이라고 할 수 있다. 표정의 경우 대화의 상황과 분위기에 따른 적절한 표정으로 상대의 이야기에 어떻게 반응하고 있는지 알 수 있다. 눈빛은 상대와의 시선 교환을 통해 교감하는 것으로 자신감, 신뢰감, 친근감, 성실함 등의 감정 상태를 상대방에게 보여 줄 수 있다. 몸짓은 머리를 만지거나, 미소를 짓거나, 팔짱을 끼거나, 시계를 쳐다보는 행위 등을 통해 상대에게 호의 혹은 비호의를 나타낼 수 있다. 항공사 승무원의 비언어적 커뮤니케이션의 예를 들면, 고객의 말씀을 진지하게 경청하며 고개를 끄덕이는 행위는 고객의 말씀에 동의한다는 의미가 된다. 그러나 팔짱을 끼고 고개를 끄덕이는 행위는 고객에게 무관심과 무시로 해석될 수 있다.

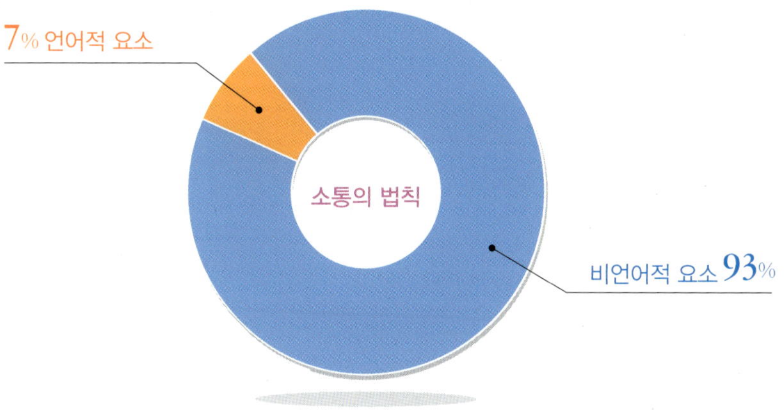

▲ 엘버트 메라비안의 소통의 법칙

③ 효과적인 커뮤니케이션

고객들과 소통을 위해서 단순히 언어적인 소통을 위해 노력한다면, 많은 오류가 발생할 것이다. 엘버트 메라비안의 법칙에 의하면 소통에 있어서도 비언어적인 요소가 93%를 차지하고, 언어적인 요소는 8%에 불과하다는 것을 알 수 있다. 비언어적인 요소에는 시각적이고, 청각적인 요소가 포함되어 있으며, 언어적인 요소에는 말의 내용이 이에 해당한다. 시각적 요소(55%)에는 용모, 복장 및 자세, 태도 등이 해당되며, 청각적인 요소(38%)에는 목소리의 톤이나 속도, 음색 등이 해당된다. 언어적인 요소(7%)에는 소통을 위해 사용하는 말의 표현과 내용이 해당된다. 앞서 살펴본 바와 같이 진정한 소통을 위해서는 소통의 비언어적인 부분과 언어적인 부분에 유의해서 올바르게 전달할 수 있도록 노력해야 한다.

연구자	비언어적 커뮤니케이션	
Sundaram & Webster (2000)	신체언어	얼굴 표정 – 기쁨, 슬픔, 두려움, 분노 등 시선 접촉 – 상대를 적절하게 응시하여 신뢰감을 줌 고개 끄덕임, 손톱이나 머리를 자주 만짐 등
	의사언어	부언어 혹은 준언어, 음색이나 음절, 목소리의 고저, 말의 속도 및 명확한 발음 등 – '아하, 그래, 흥' 등의 동의나 불신을 표현함
	신체적 외양	신체상의 외적 모습 – 신체적 매력, 의상, 장식 등 신체 보호뿐만 아니라, 사회적 지위, 신분 나타냄
	공간적 행위	커뮤니케이션을 위한 육체적 공간거리 – 상대를 향한 친밀감, 흥미, 신뢰감을 반영함

출처: Sundaram & Webster(2000).

학습해 봅시다

※ 자신이 경험했던 언어적, 비언어적 커뮤니케이션 상황을 나열하고, 호감 가는 대화법을 위한 나만의 대화 스킬을 적어 봅시다.

2) 호감 커뮤니케이션 스킬

상대에게 호감을 주기 위한 커뮤니케이션은 화려한 말로 장황하게 설명하거나, 어려운 말로 유식함을 드러내는 것에 있지 않다. 커뮤니케이션은 음악과도 같다. 포르테(강하게)와 피아노(여리게)의 악상기호의 강약조절, 청중의 마음을 움직이는 음악적 스토리 등 다양한 요소가 결합하여 멋진 음악이 완성된다.

(1) 강약, 리듬, 템포의 3박자

지루하게 들리는 연설이나 발표의 공통점은 무엇일까? 커뮤니케이션 내용은 흠잡을 곳 없어도 귀에 들어오지 않는 이유는 무엇일까? 아마도 스피커의 말 속에 힘주어 강조하는 강약조절, 대화를 부드럽게 이끌어 나가는 리듬감, 한 문장을 명확하게 표현할 수 있는 템포가 부족할 수 있다. 호감 커뮤니케이션을 이루기 위해서는 이 세 가지가 필요하다.

① 강약 조절

'오늘 정말 중요한 날입니다. 모두 늦지 말고 회의에 참석해 주세요'

'오늘 정말 중요한 날입니다'라는 문장에 힘을 주어 강하게 이야기한다면, 뒤에 나오는 말을 집중시키는 효과가 있다. 밋밋한 톤으로 두 문장을 이야기하는 것보다 많은 청중이 귀를 기울이게 할 수 있다. 강약을 조절하여 말하면 회의에 절대 늦으면 안 된다는 의미를 강조하여 목적에 맞게 사용할 수 있다. 분위기를 환기시키거나 반대로 분위기를 차분하게 만들기 위해 강약조절이 매우 중요하다.

② 리듬

노래를 부를 때 리듬이 매우 중요하다. 리듬을 잘 살려야 음악의 감동과 메시지가 잘 전달되기 때문이다. 노래와 마찬가지로 커뮤니케이션에도 리듬이 필요하다. 무미건조한 커뮤니케이션은 전달력을 떨어뜨릴 수 있다. 말의 장단과 강약을 살리면 전달력이 좋아진다. 단어에 대한 의미를 생각할 수 있는 시간을 주기 때문이다. 호흡도 매우 중요하다. 복식호흡으로 공기를 들이마시고 내뱉는 연습을 통해 호흡을 아낄 수 있다. 호흡을 아낀다는 것은 커뮤니케이션에 있어 에너지를 최소화하여 사용한다는 것으로 안정적인 목소리를 낼 수 있다. 자연스러운 말의 억양(Intonation)과 톤(tone)은 안정되고 기품 있게 들리게 한다. 말의 리듬을 살려 붙어 있는 단어의 음이 서로 겹쳐지지 않도록 해야 하고, 높낮이를 잘 조절해야 한다.

S-A-S 법칙

글을 읽거나 말을 할 때 S-A-S 법칙을 기억하면 자연스러운 커뮤니케이션을 구사할 수 있다.

SAS란?

S: Segmentation 단어 및 어구를 쪼개어 명확하게 말한다.

A: Accent 첫음절에 강세를 주어 말한다.

S: Sing a song 노래하듯 리듬을 타며 부드럽게 말한다.

✲ 연습해 봅시다

S: 쪼개기(Segmentation)

아름다운/이/땅에/금수강산에/단군/할아버지가/터/잡으시고/홍익인간/뜻으로/나라/세우니/대대손손/훌륭한/인물도/많아/고구려/세운/동맹왕/백제/온조왕/알에서/나온/혁거세/만주/벌판/달려라/광개토대왕/신라장군/이사부/백결선생/떡방아/삼천궁녀/의자왕/황산벌의/계백/맞서/싸운/관창/역사는/흐른다

–김수철의 '역사는 흐른다' 중 1절

A: 강세주기(Accent)

'아'버지가 '방'에 '들'어가신다
'아'버지 '가'방에 '들'어가신다

'사'랑해 '보'고싶어
'사'랑 '해' 보고 싶어

첫음절 강세에 따라 다른 의미의 문장이 되어 버린다. 따라서 올바른 강세는 메시지의 전달력을 높이는 중요한 요소이다.

S: 노래하듯 말하기(Sing a song)

별 하나에 추억과 별 하나에 사랑과 별 하나에 쓸쓸함과 별 하나에 동경과 별 하나에 시와 별 하나에 어머니(중략)

나는 무엇인지 그리워 이 많은 별빛이 나린 언덕 우에 내 이름자를 써 보고, 흙으로 덮어 버리었습니다. 딴은 밤을 새워 우는 벌레는 부끄러운 이름을 슬퍼하는 까닭입니다. 그러나 겨울이 지나고 나의 별에도 봄이 오면 무덤우에 파란 잔디가 피어나듯이 내 이름자 묻힌 언덕우에도 자랑처럼 풀이 무성할게외다.

– 윤동주의 '별 헤는 밤'

③ 템포

중요한 내용을 전달할 때 단어와 단어 사이에 쉼을 주어 강조하거나, 긴장감을 주기 위해 속도를 높여 빨리 말할 수 있다. 즉, 커뮤니케이션에서의 템포는 말을 빨리 하느냐 천천히 하느냐를 말한다. 템포는 커뮤니케이션하는 분위기에 따라 조절해야 한다. 예를 들어, 축구 경기에서 골이 들어가기 직전에는 빠른 템포로 중계해야 생동감이 넘친다. 반대로 동기를 부여하기 위한 조언의 말이나 충고는 느린 템포로 메시지를 전달하는 것이 효과적이다.

템포는 개인의 습관 차이에서 비롯되기도 한다. 빨리 말하는 습관 혹은 느리게 말하는 습관이 있고 그것은 좋고 나쁨의 문제는 아니다. 그러나 호감 커뮤니케이션을 위해 또렷하고 명료한 발음으로 상황에 맞는 템포를 조절하여 대화를 이끌어 나가는 것이 더 효과적이다.

- 의도적인 침묵과 정지를 사용

커뮤니케이션에서 메시지를 강조하기 위한 의도적인 침묵 혹은 정지를 사용할 수 있다. 이것은 청중의 이해를 높일 수 있다. 그러나 단어를 떠올리기 위한 침묵이나 대화의 불안감에 의한 정지는 대화의 분위기를 깨뜨려 상대를 당황스럽게 할 수 있다.

따라서 커뮤니케이션 시 전달하고자 하는 바를 철저하게 준비하고 불필요하게 느린 템포로 커뮤니케이션하지 않도록 유의한다.

● 어려운 단어 사용이나 복잡한 내용 전달

전달하고자 하는 메시지가 복잡한 의미를 담고 있는 경우, 긴 문장이 많은 경우 많은 호흡과 쉼(pause)이 필요하다. 이때 메시지를 전달받는 청중의 집중도를 떨어뜨릴 수 있다. 따라서 어려운 단어는 상대가 이해하기 쉬운 단어로 풀어 설명하는 것이 좋고, 긴 문장은 단순하고 짧게 말하는 것이 템포를 적절하게 유지하는 방법이다. 면접이나 연설 등의 커뮤니케이션은 미리 원고를 준비하여 템포를 조절하는 연습이 충분히 필요하다.

● 마인드 컨트롤

정신적인 스트레스나 압박을 받았다면 자기도 모르는 사이에 말의 속도를 빠르게 하며 긴장된 상태를 그대로 노출하게 된다. 따라서 중요한 일정을 앞두고 있다면 마인드 컨트롤 할 수 있는 자신만의 방법을 활용해야 한다. 템포를 조절할 수 있도록 미리 준비한 원고에 표기해 놓고 연습해 보자. 원고를 읽을 때 손으로 지휘하듯이 연습하는 것도 좋은 방법이 된다.

3) 객실 커뮤니케이션 스킬

항공사 승무원은 객실의 안전과 서비스를 담당한다. 승객이 안전하고 편안하게 목적지까지 비행하기 위해 필수적인 사항이다. 객실 안전 및 서비스와 관련된 다양한 상황이 발생할 때, 객실승무원은 고객과 원만한 커뮤니케이션을 해야 한다. 기내에서 발생하는 상황에 대처하는 커뮤니케이션 능력을 발휘하여 고객만족을 이끌어 내야 한다. 객실 커뮤니케이션 능력을 향상하기 위해 우리가 앞서 학습한 표정, 자세, 인사와 같은 고객 소통의 기본적 요소가 수반되어야 하며, 섬세한 커뮤니케이션 스킬이 요구된다.

객실승무원은 고객에게 항공사에 대한 좋은 이미지를 심어 주어 기업이윤을 창출하는 중요한 인적자원으로서 역할을 한다. 고객과의 커뮤니케이션을 위해 기본적으로 갖추어야 할 자질은 서비스마인드이다. 마음가짐이 옳고 그르냐에 따라 상황을 보는 시각이 달라지고, 응대 방법도 달라진다.

고객과의 커뮤니케이션에서 가장 중요한 것은 객실승무원의 진정성이다. 고객에게 친절과 예의를 다하는 자세, 고객에게 세심한 말 한마디 건네는 모습, 고객의 니즈에 기쁘게 응대하는 모든 것들이 진정성에서 비롯된다. 올바른 마음가짐으로 고객을 존중하며 응대할 때, 호감 있는 커뮤니케이션이 완성된다.

(1) 고객응대 화법

고객응대 커뮤니케이션을 통해 친절함과 존중이 전달되어야 한다. 전달하고자 하는 메시지가 분명하여 고객이 명확하게 이해하도록 하는 것이 중요하다. 평소의 말씨로 대화하지 않고, 호칭과 경어를 사용하여 공손한 말씨를 사용한다. 어려운 단어로 장황하게 설명하지 않고, 고객이 이해하기 쉬운 단어를 사용하여 대화한다. 표정과 대화에 감정을 잘 담아 고객과 커뮤니케이션할 때 메시지의 전달효과는 높아진다.

① 접점별 기본 응대 표현

● 고객 탑승 시 인사표현

- 안녕하십니까? 환영합니다.
- 반갑습니다. ○○○입니다.
- 어서오십시오. 반갑습니다.

● 비행 중 대화표현

- 고객님, 무엇을 도와드릴까요?
- 필요하신 것 있으면 언제든지 말씀해 주십시오.
- 기다려 주셔서 감사합니다. 말씀하신 ○○○이 맞습니까?
- 기내가 많이 흔들리고 있습니다. 안전을 위해 좌석벨트를 매 주시겠습니까?

● 고객 하기 시 인사표현

- 즐거운 비행(편안한 여행) 되셨습니까?
- 감사합니다. 다음에 또 뵙겠습니다.
- 고맙습니다. 좋은 하루 되십시오.

② 고객응대 커뮤니케이션 기법

● 경청하기

고객응대의 첫 번째는 말하기가 아닌 '경청하기'이다. 경청은 '기울 경(傾)'과 '들을 청(聽)'의 한자로 이루어져 있다. '온 귀와 마음을 다해 기울여 듣는다'는 의미이다. 경청은 상대방과 원활한 소통의 기본이 되며, 원만한 대인관계를 위해 가장 중요한 요소이다. 상대방의 말을 경청하면 응답하는 말의 타이밍을 정확하게 파악할 수 있고, 관심을 표현할 수도 있다. 상대방의 말에 귀 기울이고 내용을 파악하여 궁금한 부분은 질문까지 연결할 수 있어야 제대로 된 경청의 자세를 갖추었다고 볼 수 있다.

적극적 경청은 상대방의 말에 귀 기울이며 집중하고 있다는 것을 외적으로 표현해 준다. 맞장구, 추임새, 호응 등을 통해 대화에 적극적으로 동참할 수 있다. 이때 상황에 맞지 않는 맞장구나 호응은 '경청하는 척'하는 모습으로 비춰질 수 있기 때문에 유의해야 한다.

● 1-2-3 기법

1-2-3 기법은 공감 기법이라고 할 수 있다. 원만한 커뮤니케이션 과정에서 공감대를 형성해야 한다. 1-2-3 기법은 공감대를 형성하기 위해 한 번 말하고(1), 두 번 경청하고(2), 세 번 맞장구(3)를 치며 상대방과 커뮤니케이션하는 것을 뜻한다. 상대방의 이야기를 듣지 않고 자신의 이야기만 하는 것은 옳지 못하다. 따라서 1-2-3 기법을 기억하며 상대방과 커뮤니케이션하도록 연습해 보자.

학습해 봅시다

※ 대화의 주제를 정하여 1-2-3 기법을 활용한 대화문 작성하기

FAMILY 경청기법

고객과의 친근하고 호감 가는 커뮤니케이션을 위한 방법으로 FAMILY 경청기법을 활용해 보자.

(F) Friendly: 고객에게 친절하고 친근한 말투로 대화한다.

(A) Attention: 고객의 말에 주의 집중하면서 대화한다.

(M) Me, too: 고객의 말에 맞장구치며 공감하면서 대화한다.

(I) Interest: 고객의 말에 관심과 흥미를 보이며 대화한다.

(L) Looking: 고객과 눈맞춤하며 대화한다.

(Y) You are centered: 고객의 입장에서 생각하며 대화한다.

미러링(Mirroring) 기법

커뮤니케이션 과정에서 상대의 표정 혹은 몸짓을 거울에 비친 나의 모습을 보듯 따라 하는 기법을 말한다. 미러링 기법을 활용한 비언어적 표현법도 커뮤니케이션에서 매우 중요하다. 고객과 나의 역할을 정하여 위의 예시를 연습해 보자. 고객은 자신의 상황과 분위기를 따라 하는 직원에게 동질감과 편안함을 느낄 수 있다. 하지만 미러링 기법에서 주의해야 할 사항도 있다. 고객이 부담스러움을 느낄 정도의 지나친 미러링은 불쾌감을 줄 수도 있다. 따라서 상대의 속도나 호흡, 기분을 파악하여 분위기를 맞춘다는 느낌으로 활용하는 것이 적절하다.

- 상대방이 눈을 마주치면 나도 함께 눈을 마주친다.
- 상대방이 웃으면 나도 함께 활짝 웃는다.
- 상대방이 느린 템포로 말하면 나도 함께 느린 템포로 속도를 조절한다.
- 상대방이 급박한 상황에서 빠른 템포로 말하면 나도 같이 빠르게 화답한다.
- 상대방이 밝고 경쾌한 목소리로 말하면 나도 함께 밝게 화답한다.

● 의뢰형 화법

고객에게 무언가 부탁하거나 지시를 해야 하는 상황이라면 의뢰형 혹은 질문형으로 바꿔 준다. 명령형 표현은 거부감을 일으키고 고객 불만을 야기할 수 있다.

DO NOT	DO
다시 한번 말씀해 주세요.	다시 한번 말씀해 주시겠습니까?
세관신고서 작성하세요.	세관신고서 작성해 주시겠습니까?
기다리세요.	잠시만 기다려 주시겠습니까?
선반에 보관하세요.	위쪽 선반에 보관해 주시겠습니까?

● 긍정형 화법

부득이하게 고객에게 서비스를 제공하지 못하는 경우가 종종 발생한다. 이때 준비되어 있지 않거나 해 줄 수 없다는 의미로 '없다' 혹은 '안된다' 등 직설적인 부정형 대화법은 고객의 기분을 상하게 한다. 특히 '문제'라는 단어를 사용하지 않도록 유의한다. 고객에게 양해를 구해야 하는 상황에서도 긍정형으로 표현하면 고객의 편의를 도모할 수 있다.

DO NOT	DO
오늘 비행에서 특별한 문제는 없었습니까?	오늘 비행은 만족스러우셨습니까?
아무 문제 없습니다.	도와드릴 수 있어서 기쁩니다.
여러 가지로 번거롭게 해 드려 죄송합니다.	고객님께서 협조해 주셔서 대단히 감사합니다.
기다리시게 해서 죄송합니다.	기다려 주셔서 감사합니다.

● YES/BUT 화법

고객이 무리한 요구를 하거나 의견이 상반되는 경우, 상대의 기분이 상하지 않게 거절하는 화법이다. 객실승무원으로서 고객의 불만을 잘 경청하고 해결해드리는 것도 중요하지만, 부득이한 상황에서 정중히 거절하는 대화법을 통해 고객이 이해하실 수 있도록 표현하는 방법을 익힌다. 먼저 'YES'는 고객의 상황에 대한 감정적 동의이다. 상황에 대한 긍정문으로 표현한다. 'BUT' 다음은 직원의 입장에 대해 정중히 설명한다. 예시를 통해 학습해 보자.

- 고객님께서 말씀하신 부분에 저도 공감합니다. 그렇기 때문에 더욱 이번 서비스가 개선될 수 있도록 노력하겠습니다.
- 비슷한 서비스가 너무 많아 고객님께 만족감을 드리지 못한 것 같습니다. 하지만 저희 항공사는 확실히 ○○○한 부분에서 고객님께 만족을 드리고자 노력하고 있습니다.

● 쿠션화법

고객에게 부탁 혹은 요청을 할 때 단호하게 표현하는 대신, 쿠션언어를 사용하여 양해의 말이나 미안함을 전달한다. 쿠션화법은 상대방에게 메시지를 부드럽게 전달하는 표현법이다. 쿠션이 딱딱한 의자 등받이를 포근하게 만들어 주듯, 쿠션화법을 통해 고객이 배려를 느낄 수 있도록 표현한다.

거절할 때	부탁할 때	반론할 때
• 유감스럽게도 • 말씀드리기 어렵습니다만 • 대단히 안타깝습니다만 • 공교롭게도 • 도움이 못 되어 죄송합니다만	• 번거로우시겠지만 • 송구합니다만 • 수고를 끼쳐 죄송합니다만 • 많이 바쁘신 줄 알지만	• 무슨 말씀이신지 공감합니다만 • 그 부분은 전적으로 동의합니다만 • 번복하는 것 같아 죄송합니다만

커뮤니케이션 체크리스트

구분		항목	CHECK	
			YES	NO
기본 항목	1	미소를 띠고 고객과 대화하는가?		
	2	상냥한 말투로 고객과 대화하는가?		
	3	상대방에게 칭찬의 말을 아끼지 않는가?		
	4	진정성을 가지고 존중하며 대화하는가?		
	5	상대방의 말에 공감하며 맞장구치며 대화하는가?		
용모 복장 및 태도	6	청결하고 깔끔한 헤어 및 메이크업 상태인가?		
	7	잘 정돈된 복장 상태를 유지하고 있는가?		
	8	공손한 자세로 고객을 맞이하는가?		
	9	적절한 제스처를 사용하며 정확한 메시지를 전달하는가?		
	10	고객에게 반갑게 환영 및 환송 인사를 하는가?		
응대 화법	11	고객에게 장소와 상황에 맞는 적합한 언어를 선택하는가?		
	12	고객에게 긍정화법을 제대로 사용하는가?		
	13	고객에게 쿠션언어를 제대로 사용하는가?		
	14	고객응대 시 말의 속도는 적절한가?		
	15	고객에게 정확한 발음으로 메시지를 전달하는가?		

PART 4

이미지 메이킹 심화, Interview

Chapter 12
면접 이미지 메이킹

1) 항공사 면접 절차

국내 항공사의 면접 방법은 항공사별로 다소 차이가 있으나, 일반적으로 비슷한 패턴을 가지고 있다.

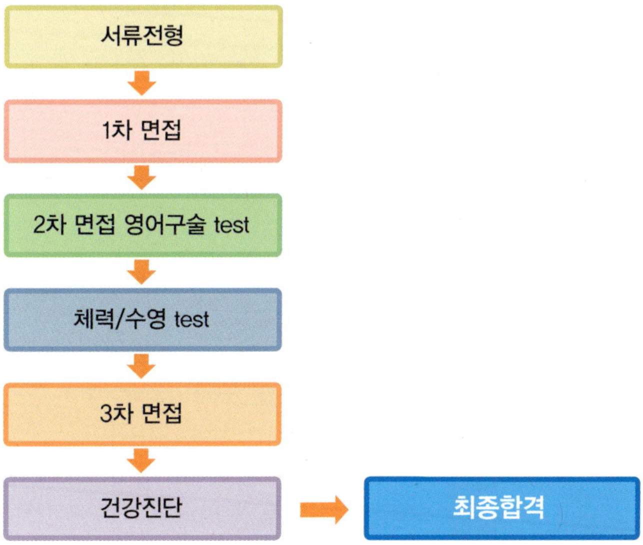

▲ 항공사 면접 절차

국내 항공사는 항공사에 따라 면접을 2번 혹은 3번 진행되는 경우가 있으며, 이때 실무진과 임원진으로 나누어 진행이 된다. 항공사의 진행 방식에 따라 동영상으로 제출한 후 실제 대면면접으로 진행하는 경우도 있기에 항공사의 공지된 진행방식을 미리 확인하여 대비하는 것이 좋겠다.

2) 항공사 서류전형

항공사에 지원하기 위해 가장 기초적인 단계인 서류전형은 이력서와 자기소개서로 진행된다. 항공사의 홈페이지에 접속해서 지정된 날짜에 형식에 맞게 이력서와 자기소개서를 작성하여 지원한다.

(1) 이력서

이력서는 지원자의 과거의 행적을 요식화하여 기록한 문서로, 인사담당자에게는 지원자에게 알고 싶은 내용을 가장 먼저 접하는 서류이며, 지원자에게는 자신을 마케팅하고 홍보해 줄 자료로 사용된다. 이력서는 인적사항(성명, 현 주소, 주민등록번호, 생년월일, 이메일, 핸드폰 번호 등), 신체사항(신장, 체중, 혈액형 등), 병역사항(제대 구분, 복무기간, 군별, 계급, 병과, 면제사유 등), 학력사항(졸업년월, 학교명, 졸업구분, 전공, 학점), 자격 및 교육사항(취득일자, 자격 및 교육명, 등급), 경력사항(근무시간, 근무처, 직위, 담당직무), 해외연수(국가, 기간, 목적), 외국어 능력(종류, 공인평가점수), 구사능력(점수 또는 상, 중, 하) 등으로 구성된다.

▲ 홈페이지에서 서류 작성하는 모습

이력서 작성 시 주의사항

항목	이력서 일반적인 주의사항
사진	• 즉석사진과 스냅사진, 스티커 사진과 같은 성의 없는 사진과 과도한 포토샵을 한 사진을 좋지 않은 인상을 줄 수 있다. • 밝고 자신감 있고, 신뢰감을 주는 사진으로 선택한다. • 사진은 3개월 미만의 최신 사진으로 사용한다.
생년월일	• 나이는 만 나이로 기재한다.
연락처와 이메일	• 전화번호와 이메일 및 비상 연락처를 기재해야 하며, 주소지 변경 시 인사담당자에게 연락을 해야 한다. • 또한 이메일은 자주 사용하는 것으로 기재해야 하며, 스팸 처리를 조심해야 한다.
학력사항	• 학력사항은 순차별로 기재한다. • 졸업년도, 학점 등은 증빙서류와 다르지 않도록 정확하게 기재한다.
경력사항	• 지원분야와 관련된 경력을 빠지지 않고 기재한다. • 아르바이트, 직장, 관련 교육, 사회봉사(확인서 지참), 동아리 활동 등을 일목요연하게 분류하여 기재한다.

• 모두 작성 후 반드시 프린트를 해서 재확인해야 하며, 오탈자가 없는지 다시 한번 확인한다.
• 학력사항, 자격사항, 어학능력, 경력사항 등 이력서에 기재되는 모든 사항은 증빙서류가 필요하다. 따라서 기한 내에 제출할 수 있도록 준비해야 한다.

이력서란?

• 이력서는 과거의 행적을 요식화하여 기록한 문서이다.
• 인사담당자에게는 지원자의 정보를 파악하는 첫 번째 문서이며 지원자에게는 자신을 홍보해 줄 자료이다.

이력서 작성해 보기

지원구분		지원분야		희망연봉	

	성 명	(한글)	(한자)	(영문)
	생년월일	년 월 일 (만 세)		
	연 락 처		비상연락처	
	E-mail			
주 소	(-)			

	재 학 기 간	학 교 명	전 공	소재지	졸업구분	평점/만점
학 력 사 항						

	종 류	취 득 일	발 행 처	자격번호
자격 사항				

	종 류	점수	취득일자		종 류	수 준
어학 보유				OA 활용 수준		

	근 무 기 간	근 무 처	직 위	담 당 업 무	비 고
경력 사항					

기타 사항	

상기 사항은 사실과 다름이 없음을 확인합니다.

년 월 일

(2) 자기소개서

자기소개서를 작성할 때 가장 중요한 목적은 "저는 이 회사가 필요로 하는 사람입니다."와 같이 인재의 적합성을 호소하는 것에 있다. 자기소개서를 처음 접하는 지원자는 자신을 너무나도 솔직하게 표현하는 경향이 간혹 있다. 그러나 작성 시 주된 관점은 인사담당자의 관점으로 "과연 당신이 인사담당자라면 어떤 인재를 뽑을 것인가?"라는 생각을 하면서 작성해야 한다. 자기소개서는 기본적으로 성장배경, 자신의 장단점, 지원동기, 입사 후 포부를 적는 것이 가장 일반적인 항목이지만, 항공사마다 다른 항목을 작성하는 자기소개서 형식을 가지고 있다. 또한 항목별 지정된 글자 수가 있기 때문에 글자 수를 되도록 채워서 지원하는 것이 가장 성의 있게 보인다.

자기소개서의 작성방법은 요구된 항목에 맞게 "객관적인 사건"과 "이를 통해 무엇을 배우고 느꼈으며, 자신이 승무원에 맞는 인재상이라는 것을 간접적으로 어필"하는 것이 포인트이다. 객관적인 사건과 이를 통해 배우고 느낀 것에 대한 비율을 적절하게 유지하며, 밝고 적극적이며, 겸손한 서비스인의 자세가 느껴지도록 차분히 작성해 나간다.

자기소개서 작성 시 주의사항

항목	자기소개서 일반적인 주의사항
성장과정	• 어려움을 극복한 이야기, 특별한 경험, 대학 및 최종 학교생활에 대한 내용을 중심으로 작성한다. 위와 같은 사건을 통해 무엇을 배우고 느꼈는지 작성을 한다. 느낀 바는 객실승무원의 자질과 부합된 것으로 작성하는 것이 포인트이다.
장단점	• 장점의 기술방법은 자신의 가지고 있는 장점이 비행 업무 시 미치는 영향을 작성하고, 단점은 승무원으로서 치명적이지 않는 선에서 기술하고, 이를 극복하기 위해 어떤 노력을 하였는지 기술한다.
지원 동기	• 지원하는 항공사에 맞추어서 작성되어야 하며, 솔직하고 독창적인 표현으로 작성하는 것이 좋다. • 지원 동기를 작성하기 위해 신문이나 뉴스를 보고 기술하는 것이 좋으며, 지원동기가 확실하지 않으면 성취의욕이 적게 보일 수 있다. 반드시 많은 항공사 중 왜 이 항공사여야만 하는지 정확한 이유를 찾아서 기술해야 한다.

입사 후 포부	• 지원하는 항공사의 경영 이념, 기업 정신과 연결하여 기술한다. • 기술 시 입사 후 자신을 발전시킬 단계별로 목표를 기술한다. 이때 롤 모델이 있다면 언급하는 것도 좋다.

- 자기소개서의 문장은 간결하고 일관성 있게 작성하며, 자기만의 독창성을 가지고 작성하는 것이 좋다.
- 모두 작성한 후, 프린트하여 소리 내어 읽어 보고, 문장이 너무 길지 않게 수정하고, 표현이 어색한 부분을 수정하는 것이 좋다.
- 자기소개서에 기술한 사항들은 면접 시 개별 질문과 연결될 수 있다는 점을 유의해서 작성한다.

자기소개서란!

- 자기소개서의 목적은 인재의 적합성을 호소하는 것이다.
- 작성 시 관점은 인사담당자의 관점에서 작성되어야 한다.

서류전형에 합격하는 비율은 항공사마다 상이하다. 많은 지원자를 서류전형에서 합격시켜 면접에 임하게 하는 항공사도 있는 반면, 서류전형에 30% 미만을 합격시키는 경우도 있기에 면접을 볼 수 있는 기회를 얻기 위해 기본적인 어학실력과 학점, 자격 관리를 해야 하며, 봉사활동과 같은 학교생활 이외 여러 방면에서 다양한 경험을 해 보아야 한다. 자기소개서를 작성하기 위해서는 많은 시간과 노력이 필요하며, 자신을 돋보이게 표현할 수 있는 다양한 노력을 해야 한다.

자기소개서 작성해 보기

지원구분		지원분야	
성장과정			
성격의 장단점			
학창생활 및 경력사항			
지원 동기 및 입사 후 포부			

작성자 (인)

(3) 항공사 서류전형 트렌드

최근 항공사는 일반적인 이력서와 자기소개서의 형식을 벗어나 자유롭게 자신의 끼와 재능을 표현할 수 있는 여러 가지 방법들을 도입하는 항공사들이 늘어나고 있다. 새롭게 변화하는 트렌드를 살펴보고 대비해 보자.

첫째, 사진을 이력서에 넣지 않아요. 자신만의 스토리를 들려주세요.

서류 지원 시 사진을 이력서에 업로드하지 않는 방식을 선택하는 항공사가 늘고 있다. 이는 사진보다 지원자의 이야기를 우선으로 하여 채용하겠다는 새로운 변화이다. 하지만 모든 항공사가 이와 같은 방식을 선택하지는 않기 때문에 자신을 잘 표현할 수 있는 사진을 찍어 두는 것 또한 미루지 말자.

둘째, 일반적인 사항 이외에 자신을 표현할 수 있는 다양한 경험을 하자.

항공사 지원자 중 자격요건이 충분함에도 불구하고 서류 탈락이 반복된다면, 자신만이 보유할 수 있는 추가적인 활동이 필요하다. 예를 들어, 국민체육진흥공단에서 주최하는 국민체력 100인증서를 획득하거나, 항공안전에 필요한 다양한 체력을 증빙할 수 있는 운동들도 포함이 된다. 봉사활동을 비롯한 다양한 대외적인 활동들도 중요한 요인들이 될 수 있다.

셋째, 학점 관리를 잘 하자.

학창시절 학점 관리는 항공사 승무원으로 입사 후 얼마나 성실하게 임할 것인가를 증빙하는 것이다. 따라서 평소 학점관리를 통해 자신이 맡은 바를 성실히 해 나가는 모습을 보여 줄 수 있는 데이터를 확보해야 한다.

넷째, 자기소개서의 일반적인 항목 외, 각각의 항공사만의 특별한 항목을 미리 파악해 보자.

자기소개서의 항목들이 위에서 학습한 일반적인 사항 외 항공사만의 특별한 질문 항목을 통해 지원자의 여러 가지 면모를 검토하려는 모습이 증가하고 있다. 예를 들어, "자신이 살면서 꼭 해야 한다고 생각하는 것과 꼭 하지 말아야 한다고 생각하는 것은 무엇인지 적어 주세요"와 같이 자신을 표현할 수 있는 다양한 질문들로 구성이 되고 있다. 이때 작성 시 포인트는 두괄식으로 작성하고, 스토리텔링 방식으로 자기만의 이야기를 작성하는 것이 중요하다. 만약 글자의 수가 지정이 되어 있다면, 채워서 제출하는 것이 성의 있는 모습으로 비춰질 것이다. (글자 수 300자일 경우, 298자 정도로 제출)

다섯째, 자신만의 끼를 보여 줄 수 있는 동영상 제작 방식 채용을 대비하자.

동영상을 제작하여 자신을 표현하는 채용방식에 지원을 할 경우, 영상제작에 과도한 비용을 투자한다거나, 메이크업에 많은 투자를 하는 모습보다는 제시된 주제를 표현하기 위해 아이디어를 도출하고, 구체적인 실천방법과 성과에 대한 고민을 하여 지원자가 가지고 있는 강점을 어떻게 표현할 수 있는지에 대한 노력이 가장 필요하다. 구성이 정해졌다면, 영상을 어떻게 효과적으로 전달할 것인지에 대한 시각적인 표현에 집중해야 한다. 앵커, 쇼핑호스트의 컨셉이나, 노래와 춤, 또는 연기 등과 같은 다양한 방식으로 자신을 표현할 수 있도록 동영상 제작을 해 보자.

3) 항공사 면접 준비

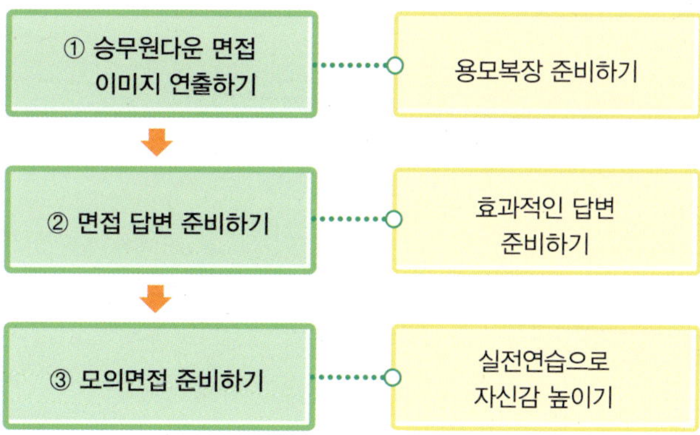

▲ 면접 준비하기 단계

(1) 승무원다운 면접 이미지 연출하기

같은 사람을 대상으로 용모복장에 대한 실험을 했다. 첫 번째는, 단정하고 깔끔한 정장을 입고 신호등의 빨간불을 건너게 하고, 두 번째는, 집에서 나온 듯한 편안한 차림의 옷을 입고 신호등의 빨간불을 건너게 한 결과, 주의 사람들의 반응은 차이가 났다. 첫 번째를 지켜본 주위 사람들은 무의식적으로 빨간불을 따라 건너는 행동을 했고, 두 번째 실험에서는 따라서 건너는 사람들이 거의 없었다. 이 실험에서는 같은 사람이지만 용모복장을 어떻게 하느냐에 따라 그 신뢰감이 달라진다는 것을 의미하고 있다.

객실승무원의 면접의 시간은 그리 오래 걸리지 않는다. 면접 시 입장하는 단 15초면 첫인상을 파악하게 될 것이며, 질문을 통하여 시각적인 이미지와 청각적, 언어적 이미지의 조화를 파악하고 최종적인 결정을 하게 된다. 면접에서도 "나는 알고 보면~"이라는 법칙은 적용되지 않는다. 따라서 승무원다운 모습과, 승무원다운 말과 행동으로 면접관들에게 확신을 주어야 한다. 면접에서 용모복장의 포인트는 밝고 적극적이고 신뢰감을 주는 것이다. 이를 위해서는 유행에 민감하거나 화려한 복장을 선택하는 것이 아닌 승무원다운 깔끔한 모습을 보여 줘야 한다. 면접관은 우리와 같은 20대의 시선으로 아름다움의 기준을 정립하는 것이 아니므로, 승무원다운 깔끔한 용모복장으로 자신을 연출해야 한다는 것을 잊지 말고 다음과 같은 사항을 체크해 보자.

① 항공사 면접용 Hair-do

신뢰감을 주는 Hair do를 연출하는 방법으로는 우선 두 가지 머리 스타일로 나눌 수 있다. 면접 시 신뢰감을 높일 수 있는 방법은 이마와 귀를 드러내는 방법이 기본이다. 자신에게 어울리는 스타일을 선택해서 깔끔하고 단정하게 하도록 하고 지나친 머리염색과 퍼머넌트를 피하도록 해야 한다. 또한 뒷머리, 옆머리를 비롯한 잔머리도 헤어제품을 사용하여 깔끔하게 처리해야 한다.

▲ 여성 면접용 Hair do

▲ 남성 면접용 Hair do

여성 면접용 Hair do

Good	Bad
• 검정색 끈과 검정색 미세망 사용	• 유색의 끈 사용
• 스프레이를 사용해 잔머리 정리	• 삐져나온 잔머리를 그대로 둠
• 미세망 고정/실핀, U자 핀 사용 가능	• 미세망이 흔들거림

남성 면접용 Hair do

Good	Bad
• 앞머리는 이마를 덮지 않음	• 눈을 가리는 앞머리
• 뒷머리는 셔츠 깃에 닫지 않음	• 긴 뒷머리
• 옆머리는 귀를 덮지 않음	• 구레나룻이 있는 옆머리
• 검정색, 짙은 갈색	• 과도한 브릿지와 염색
• 스프레이와 젤로 스타일 정리	• 과도한 스프레이와 젤로 축축함
• 단정하고, 심플한 스타일	• 지나치게 유행을 따라가는 스타일

② 항공사 면접용 Make up

● 여성의 면접 Make up 시 주의사항

- 인위적인 화장보다는 피부 톤이 드러나는 자연스러운 화장으로 연출하자.
- 얼굴과 목의 색깔이 다른 두꺼운 화장은 피해야 한다.

- 아이라인과 마스카라로 눈매를 또렷하게 연출한다.
- 속눈썹을 붙이거나 써클렌즈를 사용한 인위적인 모습은 좋지 않다.
- 자신만의 퍼스널 컬러를 사용하고, 밝게 보일 수 있는 립스틱으로 주목성을 더 한다.
- 지나치게 번들거리거나, 펄이 들어가거나, 과도한 색조화장은 오히려 위화감을 들게 하므로 피해야 한다.

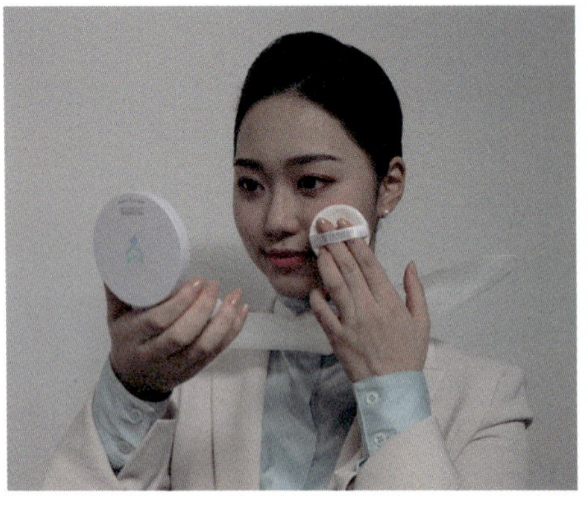

▲ 면접 화장하는 모습

남성의 Make up 시 주의사항

- 수염은 깨끗이 제거해야 하며, 특히 코털이 밖으로 나오지 않도록 주의한다.
- 구레나룻, 코밑수염을 제거한다.
- 귀지가 있는지 체크한다.
- 스킨과 로션으로 피부를 정돈해 주어 깔끔한 인상을 준다.
- 향취가 너무 강한 화장품은 사용하지 않는다.

③ 항공사 면접 복장

여성의 복장 선택 시 주의사항

- 주름이 많고 화려한 것보다, 심플한 스타일을 선택하는 것이 좋다.
- 블라우스 안 이너의 색깔이 비춰지지 않도록 각별히 주의하자.

- 여성의 블라우스 깃의 모양에 따라 이미지가 달라질 수 있으니, 다양한 디자인의 블라우스를 입어 보고 선택한다.
- 검정 치마를 입을 시 길이는 무릎 선이 적당하며, 몸에 과도하게 달라붙지 않는 것을 선택한다.

▲ 면접 복장

남성의 복장 선택 시 주의사항

- 와이셔츠는 흰색으로 고른다.
- 항상 청결하고 다림질이 잘된 상태로 착용한다.
- 소매길이는 상의 소매에서 1.5cm 정도 밖으로 나오게 한다.
- 셔츠를 입을 때는 안의 속옷을 입지 않는 것이 원칙이다.
- 와이셔츠 옷자락이 바지 바깥으로 나오지 않게 주의한다.
- 나의 얼굴형에 맞는 셔츠 카라(Collar)를 선택한다.
- 타이는 폭이 너무 좁거나, 검정색 타이는 금한다.
- 타이는 신뢰감이 높은 블루 계열의 사선 스트라이프를 고른다.

와이셔츠 카라 고르기 TIP

- 둥근 얼굴 → 와이셔츠 카라의 끝 모양이 뾰족한 것 고르기
- 각진 얼굴 → 와이셔츠 카라의 끝 모양이 둥근 것 고르기

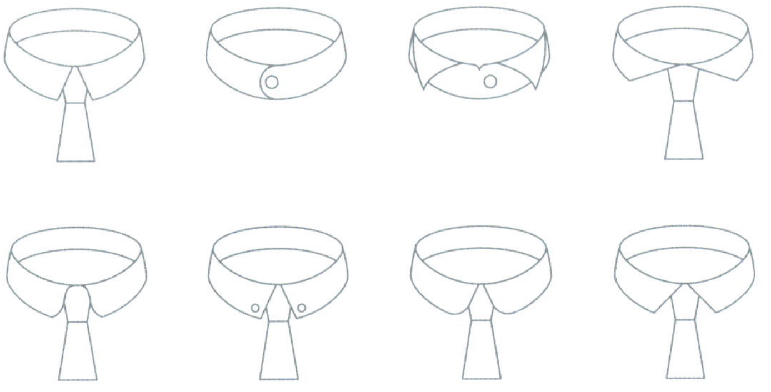

▲ 다양한 와이셔츠 카라(Collar)의 종류

④ 항공사 면접용 손 관리

이것만은 안돼요!

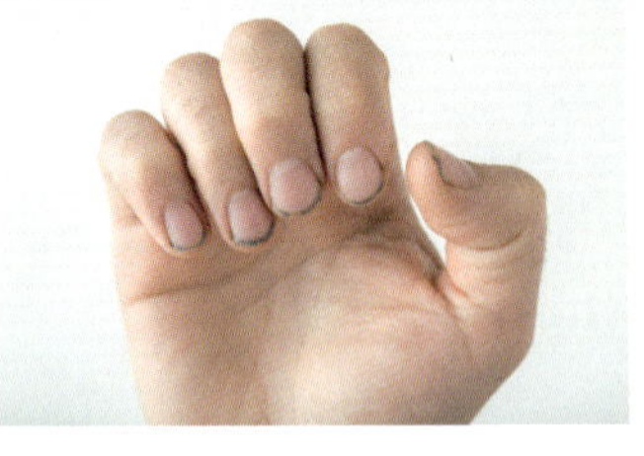

▲ 때 낀 모습

▲ 화려한 네일 케어

서비스를 하는 사람들은 손의 청결이 기본이다. 면접에서도 역시 청결한 모습을 위해 손을 신경 써야 한다.

● 손 관리 주의사항

- 손톱에 때가 끼지 않았는지 확인한다.
- 손톱은 너무 길지 않게 자른다.
- 여성의 경우 매니큐어는 색이 강하지 않은 파스텔 계열의 핑크나 코랄의 선택이 적당하다.
- 화려한 네일 케어는 좋은 인상을 줄 수 없으니, 지양한다.
- 특정 손가락의 손톱을 기르는 것은 상대방에게 심한 불쾌감을 주므로 금하고, 손톱 밑에 때가 끼지 않았는지 체크한다.

⑤ 항공사 면접용 구두 및 스타킹

이것만은 안돼요!

▲ 너무 높은 굽

▲ 태슬 있는 남성 구두

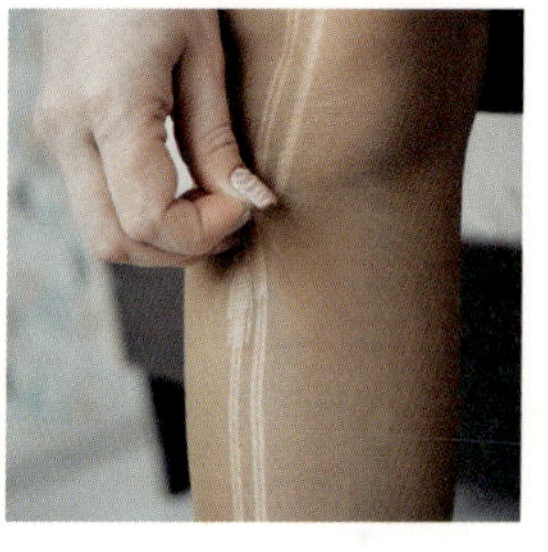
▲ 올이 나간 스타킹

● 여성 구두 선택 시 주의사항

- 정장용 구두를 신는다.
- 굽은 3~7cm가 적합하다.
- 구두 굽의 선택은 신고 걸었을 때 걸음걸이에 방해를 주지 않는 높이가 적당하다.
- 심플한 스타일은 선택한다.
- 검정색이 가장 무난하다.
- 앞코가 길고 뾰족하지 않은 둥근 스타일을 선택한다.

- 가보시가 있는 구두는 신지 않는다.
- 구두는 항상 청결하게 유지한다.
- 구두 굽이 닳아 소리가 나지 않는지 체크한다.

● 여성 스타킹 선택 시 주의사항

- 계절에 무관하게 스타킹을 신는다.
- 색깔은 자신의 피부색에 잘 맞는 커피색과 살색 중에서 선택한다.
- 늘어지거나, 보풀이 나오지는 않았는지 확인한다.
- 만일의 경우를 대비하여, 여분의 스타킹을 준비한다.

● 남성 구두 선택 시 주의사항

- 정장용 구두를 신는다.
- 로퍼, 운동화, 샌들을 신지 않는다.
- 앞코가 길거나 뾰족하지 않은 둥근 스타일을 선택한다.
- 구두는 항상 청결하게 유지한다.
- 구두 굽이 닳지 않았는지 체크한다.

⑥ 액세서리

이것만은 안돼요!

▲ 화려한 반지

▲ 흔들리는 귀걸이

▲ 피어싱

포인트가 되는 간단한 액세서리는 면접자의 용모를 더욱 빛나게 하지만, 과도한 액세서리는 면접관의 주의 집중을 분산시켜 오히려 좋지 않는 결과를 낳게 된다. 액세서리의 종류는 귀걸이, 시계, 반지 정도가 좋으며, 액세서리를 착용 시 전체의 개수가 3개를 넘으면, 신뢰감이 떨어져 보인다. 예를 들어, 귀걸이를 한 경우, 반지와 시계를 하면 총 액세서리의 개수는 3개가 된다. 그러므로 목걸이를 더 하는 것은 신뢰감에 도움이 되지 않는다는 말이 된다. 액세서리는 단순한 것을 고르고, 과한 액세서리는 하지 않는다.

여성 액세서리 선택 시 주의사항

- 큰 액세서리보다는 작은 액세서리를 선택한다.
- 흔들거리는 것보다는 부착형을 선택한다.
- 화려한 것보다는 심플한 것을 선택한다.
- 팔찌, 발찌는 착용을 금한다.

남성 액세서리 선택 시 주의사항

- 스포츠 시계보다는 가죽 정장용 시계를 착용한다.
- 귀걸이, 피어싱, 목걸이, 팔찌를 하지 않는다.
- 알이 큰 반지를 하지 않는다.

승무원의 면접 이미지 체크 리스트

항목	세부항목	배점
Hair-do	청결하고 단정하게 손질이 되어 있는가?	5 4 3 2 1
	앞, 옆, 뒤의 잔머리가 나와 있지는 않은가?	5 4 3 2 1
	눈썹과 이마가 보이는가?	5 4 3 2 1
Make up	청결하고 밝은 느낌을 주고 있는가?	5 4 3 2 1
	피부 처리 및 부분 화장이 흐트러지지는 않았는가?	5 4 3 2 1
	립스틱 색깔은 피부톤에 맞는 밝은 색인가?	5 4 3 2 1
	자연스럽고 화사한 메이크업인가?	5 4 3 2 1
	인위적이고, 유행성이 강한 메이크업은 아닌가?	5 4 3 2 1
복장	면접복장이 너무 타이트 하지 않은가?	5 4 3 2 1
	얼룩이나 구김은 없는가?	5 4 3 2 1
	스커트나 바짓단 처리가 깔끔한가?	5 4 3 2 1
	어깨에 비듬이나 머리카락이 붙어 있지는 않은가?	5 4 3 2 1
	스커트 길이, 바지 길이가 적당한가?	5 4 3 2 1
손	손톱의 길이는 적당하며 청결한가?	5 4 3 2 1
	매니큐어의 색은 적당한가?	5 4 3 2 1
스타킹	색깔은 적당한가? 늘어지지는 않았는가?	5 4 3 2 1
	예비 스타킹은 준비되어 있는가?	5 4 3 2 1
구두	단정한 기본형 정장 구두인가?	5 4 3 2 1
	구두 굽이 너무 높아서 걸음걸이가 이상하지 않은가?	5 4 3 2 1
액세서리	눈에 방해되는 것을 착용하지는 않았는가?	5 4 3 2 1
나의 용모복장 점수?		점

(2) 항공사 면접 답변 준비하기

지원자가 기업에서 원하는 인재인가를 가려내는 중요한 포인트는 질의응답 부분이다. 인사담당자의 응답에 의하면, 면접관의 주의 집중 시간은 2~3분 정도밖에 되지 않는다고 한다. 그러므로 짧은 시간 안에 자신의 생각을 논리적으로 이야기하는 연습을 해야 한다. 실제로 모의 면접 시에 학생들을 보게 되면 당황해서 자신이 무슨 말을 하고 있는지도 모르는 경우가 많다. 아무리 준비가 잘된 지원자라도 당일에는 긴장이 되므로, 보다 설득력 있고 논리적인 응답을 위해서는 준비를 철저하게 해야 한다.

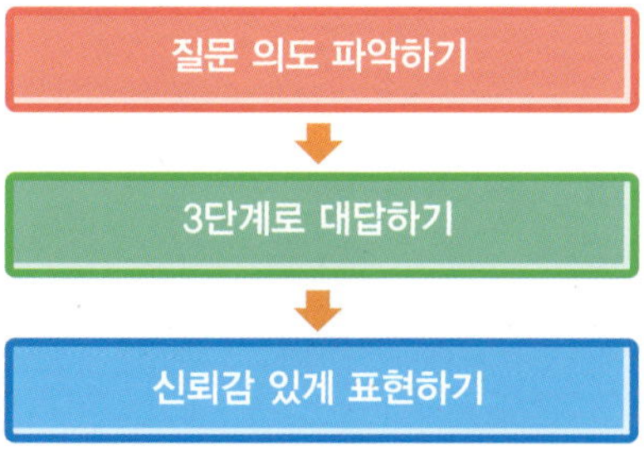

① 질문 의도 파악하기

면접 시 준비하지 못한 질문들에 당황하여, 자신의 의도와는 다른 이야기를 하는 경우가 발생한다. 실제로, 항공사의 면접의 경우, 예상 밖에 질문들이 많이 나온다. 예를 들어, "자신이 가장 잘하는 요리와 방법은 무엇입니까?", "어제는 무엇을 했습니까?", "성형수술에 대해 어떻게 생각하십니까?"와 같은 질문이 바로 그것이다. 이런 질문을 받을 경우, '면접에서 왜 이와 같은 질문들을 할까?'를 먼저 생각해 보아야 한다. 정말로 지원자가 잘하는 요리의 레시피가 궁금했을까, 아니면 지원자의 어제 한 일이 궁금했을까? 면접관은 이 질문을 답하는 지원자를 모습을 통해 자질을 보려고 하는 것이다. 따라서 잘하는 요리가 김치찌개인지, 라면인지가 중요한 것이 아니다. 당황하지 않고 자신의 생각을 솔직하고 위트 있게 대답하는 모습을 보면서 지원자의 자질을 확인하게 되는 것이다. 따라서 질문을 받으면 가장 먼저 '면접관이 무엇을 살펴보려고 이 질문을 하는 것일까?' 라고 질문의 의도를 먼저 생각한 후 답변의 방향을 설정하자.

답변 시 포인트

Q: 가장 잘하는 요리와 요리방법을 말씀해 주세요.

면접관은 요리방법을 알고 싶은 것이 아니라,
요리방법을 말하는 지원자의 모습을 통해 서비스인으로 적합한지 자질을 보려고 하는 것이다.

② 3단계로 대답하기

● 3단계 구조로 대답하는 연습을 하자.

앞서 언급했듯이 주의 집중 시간은 2~3분 정도밖에 되지 않는다. 보다 효과적으로 말을 하기 위해서는 말하는 내용의 구조를 먼저 생각해야 한다. 면접관의 질문을 받았을 때, 가장 효과적인 방법은 두괄식 구성이다. 만약, "장점을 이야기해 보세요."라는 질문을 받았을 때 이를 적용하는 방법을 살펴보자.

결론 메시지	저의 장점에 대해 3가지로 말씀드리겠습니다.
1단계	첫 번째 장점은 성실하다는 것입니다.
2단계	두 번째 장점은 열정이 많다는 것입니다.
3단계	세 번째 장점은 언제나 긍정적인 생각을 한다는 것입니다.

● 3단계 구조에 설득 요소를 추가하면 설득력이 높아진다.

위와 같이 장점을 3단계로 나누어서 이야기한다면, 면접관은 보다 쉽게 집중하여 알게 될 것이다. 나의 장점 중 성실하다는 것을 어떻게 믿게 할 것인지 설득 요소가 추가된다면 대답의 설득력이 향상된다. 설득력을 높여 주는 설득 요소에는 자신의 경험, 제3자의 말의 인용, 각종 보도 자료를 통한 증거가 포함된다. 지원자들이 가장 많이 사용하는 설득 요소로는 경험이 가장 많이 사용된다. 위의 3단계 구조에 설득 요소를 추가한다면 다음과 같이 표현된다.

결론 메시지	저의 장점에 대해 3가지로 말씀드리겠습니다.
1단계	첫 번째 장점은 성실하다는 것입니다.
설득 요소	저는 학생 시절 늘 성실하게 임하여, 초등학교, 중학교, 고등학교의 개근상을 한 번도 놓친 적이 없고, 대학교 때는 저의 이러한 성실함을 높게 평가 받아 반대표를 하며, 리더십을 비롯한 많은 것을 배웠습니다.
2단계	두 번째 장점은 열정이 많다는 것입니다.
설득 요소	저는 새로운 일을 배우고 도전하는 열정이 많아서, 대학교 수업을 받으면서도 심폐소생술 자격, 레크리에이션 강사 자격, 웃음 치료사 자격을 이수하였습니다. 뿐만 아니라, 방학 때는 학교에서 배운 것들을 실제로 적용해 보기 위해 호텔과 웨딩홀에서 아르바이트를 하였고, 이를 통해서 제가 하고 싶은 일이 서비스라는 것에 대한 확신을 하였습니다.
3단계	세 번째 장점은 언제나 긍정적인 생각을 한다는 것입니다.
설득 요소	저에게 어려운 일이나 힘든 일이 생길 때마다, 쉽게 좌절하지 않고 할 수 있다는 생각을 하여 극복해 나갑니다. 또한 다른 사람들에게도 늘 밝은 모습을 보여 주기 위해 노력하는 모습을 보고, 친구들은 저를 보고 "우리과의 비타민"이라고 부릅니다.

③ 신뢰감 있게 표현하기

앞서 이미지 결정요인에 대해서 설명한 바와 같이, 질의응답에서도 이점을 유의해야 한다. 이미지 결정요인은 시각적 요인 〉 청각적 요인 〉 언어적 요인이라는 것을 기억할 것이다. 나의 말의 신뢰감을 높여 줄 표현 방법에 대해 살펴보자.

● 모든 면접관과 골고루 Eye contact를 하자

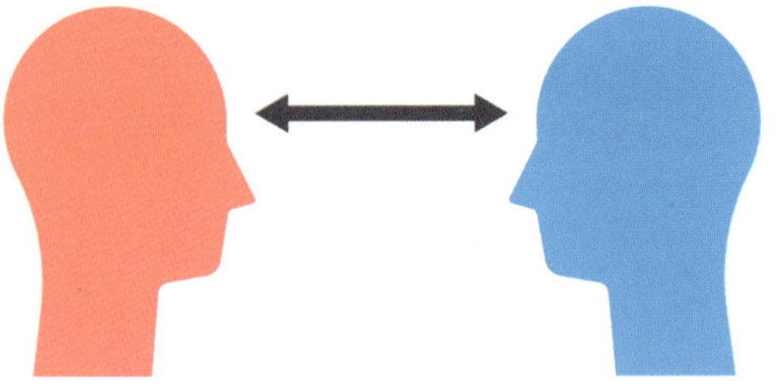

▲ Eye contact하기

항공사의 면접관은 항공사마다 다르지만 3명~5명으로 구성된다. 집단 면접을 기본으로 하는 항공사에서는 보통 공통질문을 시작으로 하여, 필요시 개별질문으로 이어진다. 이때 지원자는 질문을 한 면접관에게만 Eye contact을 하는 경우가 있으나, 합격의 유무는 면접관 전체에 의해 결정되기 때문에 면접관 모두와 골고루 Eye contact을 하면서 나의 자신감 있는 모습을 나타낼 필요가 있다. 이때 모든 면접관에게 Eye contact을 해야 한다는 생각에 빠른 속도로 시선 교환을 하여 오히려 불안한 자세를 보이는 경우가 있다. 내게 주어진 모든 답변을 끝내기 전까지 모든 면접관에게 한 번씩 Eye contact을 해야 한다고 생각하고, 한 문장 혹은 두 문장에 한 명씩 천천히 시선 이동을 해서 Eye contact을 시도해야 하며, 어색하지 않고 자연스러운 시선 이동이 있어야 한다.

● 밝은 표정으로 응답하고, 때론 말의 내용과 같은 표정으로 연출하자.

▲ 말의 내용과 같지 않은 표정

밝고 자연스러운 표정으로 대답을 하는 것은 면접의 기본이다. 그러나 질문 내용이 가장 힘들었던 순간을 묻는 질문처럼 힘들거나 어려웠던 이야기를 해야 하는 순간에 응답의 내용과는 다른 표정으로 대답한다면, 대답의 진실성은 떨어지게 된다. 다른 지원자가 당황하여, 실수를 하여 안타까운 상황에도 같이 공감하는 표정들이 필요하다. 밝고 자신감 있는 표정으로 대답을 하되, 상황에 맞는 진실성 있는 표정 연출을 할 수 있도록 노력해 보자. 또한 면접관이 나를 쳐다봐 주지 않으며, 나에 답변에 긍정적인 몸짓을 취해 주지 않는다고 상심하지 말아야 한다. 면접관들은 많은 지원자들의 응답을 듣고, 서류를 검토하는 반복적인 상황에 지쳐 있으며, 면접을 통해 합격자를 선정하는 중대한 상황에 심적인 부담감이 있을 수 있다. 따라서 면접관의 엄숙한 분위기에 당황하지 말고, 자신이 준비한 답변을 밝고 자신감 있게 표현할 수 있도록 최선을 다해야 한다.

● 목소리 톤에 유의하자

▲ 말의 톤에 유의

면접관에게 그 진심을 전하기 위해서는 목소리의 톤에 유의해야 한다. 예를 들어, 오랜만에 만난 동창에게 "반갑다"라는 말을 할 때, 중저음으로 "반갑다↓"라고 하는 사람과, 큰 목소리와 눈을 동그랗게 뜨면서 "반갑다↑"라고 하는 사람의 느낌은 다를 것이다. 서비스인은 함께 대화 시 밝고 긍정적인 에너지를 느낄 수 있는 것이 중요하기에 음성 전달에 있어서, 너무 높은 톤이나, 너무 낮은 톤은 효과적일 수 없기에 자신의 톤보다 한 톤 높여서 즐겁게 대답할 수 있도록 노력해 보자. 면접관에게 자신의 적극적인 의지를 효과적으로 전달하기 위해서는 목소리를 밝고, 크고, 분명하게 전달해야 한다.

● 자연스럽게 연출하자.

나의 생각과 의견을 전달할 때 말의 내용도 중요하지만, 말의 내용만으로는 정확한 전달이 어렵다. 내가 나타내고 있는 시각적인 행동들, 청각적인 표현들, 지혜롭고 현명한 말의 내용들이 어우러져 승무원이 이미지가 만들어지는 것처럼 면접 시에는 내가 외운 말들을 모두 잘 전달하였다고 합격길이 열리는 것은 아니다. 면접을 보는 많은 지원자들은 자신이 준비한 내용을 모두 말하지 못했을 경우 아쉬움을 느끼거나, 반대로 자신이 준비한 내용을 모두 완벽히 말했을 경우 합격에 대한 기대가 크게 된다. 그러나 면접관들은 지원자가 어떤 답변을 준비하였고, 준비한 답변의 몇 %만 말했는지 알 수 없다. 외운 답변을 완벽하게 말하는 것에 의미를 두지 말고, 실제로 말하는 것처럼, 자연스럽게 연출하고, 완벽하게 기억나지 않더라도 준비된 답변을 당황하지 말고 앞에 있는 친구나 동료, 지인에게 이야기하는 것처럼 여유 있고 자연스럽게 말하는 연습이 필요하다.

● 작은 태도에도 유의하자.

면접관의 질문에 생각한 내용을 이야기하다 보면 무의식적으로 행해지는 태도를 방심하는 경우가 있다. 모의 면접을 통해, 자신이 응답 시에 하는 행동을 녹화한 장면을 지원자들에게 보여 주면 깜작 놀라는 일이 발생한다. 본인 스스로도 응답 시 이상한 행동들을 모르고 있다는 것이다. 그중 가장 대표적인 것이 발, 손의 움직임이다. 발을 들썩거리거나 몸을 비비꼬는 행동, 손을 쥐었다 피었다 하는 행동들은 면접관에게 믿음을 주기 어렵다. 자신이 무의식적으로 하는 행동은 연습을 통해 충분히 고쳐 나갈 수 있다. 다음과 같은 작은 태도를 유의하자.

- 일관성 없는 손의 움직임
- 발 움직임
- 멍한 표정
- 무기력한 자세
- 당황한 표정
- 다른 지원자 응답 시 경청하지 않는 모습
- 면접관과 눈 마주침 하지 않는 모습
- 여러 면접관과 골고루 시선 교환하지 않는 모습

▲ 면접 시 피해야 하는 태도

(3) 모의면접 준비하기

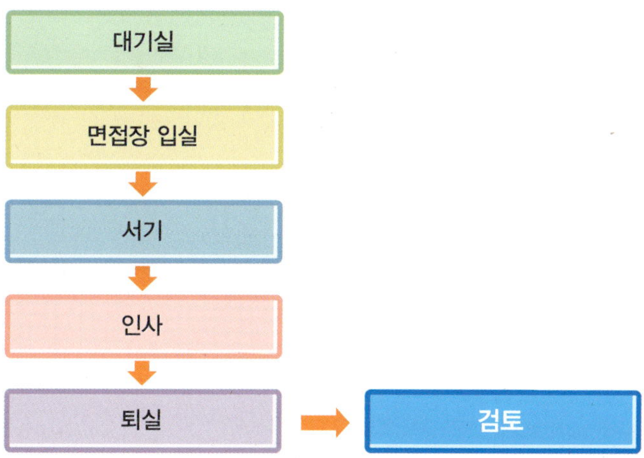

① 대기실

면접 장소와 대기 장소는 다르다. 대기 장소는 지원자들이 모여서 면접을 기다리는 곳으로 고요함과 긴장감이 흐른다. 그러므로 대기 장소에 들어오게 되면 언행을 조심해야 한다. 지원자들이 생각할 수 있는 가장 큰 실수는 다른 사람들은 나를 모를 것이라고 생각하는 것이다. 면접장에 있는 사람들은 어느 누가 면접관인지 모르기 때문에, 대기 장소에서도 항상 매너 있는 모습으로 유지해야 한다. 나만 상대를 모를 뿐, 상대는 내가 승무원 면접을 볼 지원자라는 것을 모두 알고 있다는 것을 기억하자.

대기실에서 주의사항

- 휴대폰은 진동으로 바꾸자.
- 대기 장소에서 전화 통화를 하며 떠드는 모습을 보이지 말자.
- 특히 친구들이 사용하는, 유행하는 비속어 사용을 해서는 안 된다.
- 함께 면접을 보는 다른 지원자와 큰 소리로 웃지 말자.
- 화장실과 복도에서 조심히 행동하자.

② 면접장

입실

면접 장소 입실 시 문을 노크하고, 응답이 있을 시에 들어간다. 노크 후 문을 열고, 밝은 표정으로 목례(15도 인사)를 하고 들어온다. 면접장의 문을 열고 들어가는 순간부터 나의 첫인상은 시작된다. 따라서 우물쭈물하거나, 쭈뼛한 모습보다는 밝고 당당한 모습과 올바른 자세로 자신감을 보여 주는 것이 좋다.

입실 시 포인트

나의 첫인상의 시작은 질의응답 시가 아닌 문을 열고 들어가는 이 순간부터이다.

● 서기

▲ 면접 시 대기 자세

항공사의 면접은 집단 면접이 일반적이며, 여러 지원자가 한꺼번에 입실하게 되므로, 자신의 순서를 확인하여 실수하지 않도록 한다. 대기 자세의 방법은 다음과 같다.

● 여성의 대기 자세

- 발목과 무릎을 붙인다.
- 발의 너비는 15도 정도 벌린다.
- 배와 허리에 힘을 준다.
- 어깨는 굽지 않게 하고, 등은 쫙 편다.
- 공수자세(손의 모양은 오른손을 위로하여, 엄지손가락이 보이지 않게 포개어, 나머지 손가락을 가지런히 붙인다.)를 한다.
- 손의 위치는 배꼽 밑 5cm 정도 아래로 한다.
- 고개를 들어, 면접관과 Eye contact을 한다.
- 턱은 당기며, 표정은 최대한 밝게 미소 짓는다.

남성의 대기 자세

- 발은 어깨너비로 벌린다. * 여성과 차이
- 배와 허리에 힘을 준다.
- 어깨는 굽지 않게 하고, 등은 쫙 편다.
- 손의 모양은 계란을 쥔 듯, 동그랗게 모으고 바지 옆 봉제선에 내려놓는다.
  * 대기자세에서 남성은 공수자세를 하지 않습니다.
- 고개를 들어, 면접관과 Eye contact을 한다.
- 턱은 당기며, 표정은 최대한 밝게 미소 짓는다.

인사

▲ 인사하기

고객과의 만남에서 가장 기본이 되는 것이 인사이므로, 인사하는 방법 역시 중요한 사안이 될 수 있다. 물론 인사법이 틀렸다고 해서 면접의 당락을 좌우되는 것은 아니지만, 면접 시 보여 주는 정중한 인사법은 지원자의 준비도를 볼 수 있는 요소로 작용된다. 면접관에게 하는 인사는 인사의 종류 중 보통례로써, 30도의 숙임이 가장 보편적이다. 보통례의 인사의 방법은 다음과 같다.

면접 시 인사 방법

- **1단계:** 면접관과 Eye Contact을 하며, 자신 있게 미소 짓는다.
- **2단계:** 남성의 대기 자세, 여성의 대기 자세에서 그대로 머리, 어깨, 등이 일직선이 되게 30도 정도 숙여 인사한다.
  * 주의 사항: 30도 정도 숙인 후, 잠시 멈추어 정중함을 표한다.
- **3단계:** 미소를 지으며, 면접관과 시선교환을 시도하며 질문을 기다린다.

● 퇴실

질의응답을 모두 마쳤다고 해서 면접이 끝이 난 것은 아니다. 면접실의 문을 닫고 나오면서 "어떻게 해!" 를 남발하거나, 나의 면접 순서가 끝난다고 해서 복도에서 큰 소리로 떠드는 모습, 다음 면접 대기자에게 질문 받은 내용을 이야기하며 시끄럽게 떠드는 모습, 휴대폰으로 지인에게 연락해서 자신의 당황한 상황을 이야기하는 모습들은 좋은 인상을 줄 수 없다. 면접실에서도 이러한 소리는 다 들릴 수 있으니, 언제 어디서나 행동을 조심히 하고 조용히 나오도록 하자. 화장실이나, 버스정류장, 계단, 공공장소에서도 내가 모르는 누군가가 나의 행동을 주시하고 있음을 명심하자.

● 검토

면접이 끝난 후에는 많은 후회와 아쉬움이 든다. '내가 왜 그때 그런 말을 했을까?'와 같은 생각이 든다면, 다시는 실수하지 않도록 노력을 하면 된다. 면접이 끝났다고 하며, 모든 준비를 접어 두고 뒤돌아보지 않는 다면, 다음 지원에서도 이와 같은 상황은 반복될 것이다. 면접에서 좋은 결과를 받지 못하였더라도 좌절하지 말고, 자신의 부족한 점과 면접 시 아쉬웠던 점을 기록하여 다음 면접에는 실수하지 않도록 하는 것이 중요하다. 다음 면접을 위해서 다음과 같은 사항을 미리 검토해야 한다.

첫 번째, 면접의 관문으로 가기 위한 서류전형을 꼼꼼히 준비해야 한다. 서류전형이나, 면접에서 불합격을 받았다면 불합격 요인은 파악하고, 부족했던 이력서와 자기소개서를 수정하고 보완하는 것이 필요하다. 지원하고자 하는 회사의 인재상과 회사의 최근 뉴스와 정보를 검색하여, 그 회사에 맞는 지원 서류를 다시 작성해야 한다. 맨 처음 하얀 종이에 글씨를 써 내려가는 것이 가장 어렵다. 이 단계를 시작하지 않고서는 좋은 결과를 예측할 수 없다. 이력서에서는 어떤 부분이 부족했는지 원인을 파악해서 다음 지원에는 보충할 수 있도록 하자. 자기소개서에서 말하고자 하는 큰 핵심 구조를 먼저 구성하고, 그 다음 사항은 나를 잘 표현할 수 있는 경험이나, 사건들을 재구성하고 언어적인 표현에 유의하면서 조금씩 수정해 나가야 한다.

▲ 면접 스터디 중인 모습

두 번째, 면접 실전을 강화하기 위해서는 취업 스터디를 구성하여 꾸준히 노력하는 것도 좋은 방법이 된다. 취업 스터디를 통하여 팀원들의 경험을 정리하고 부족한 점을 보강하고 수정하면 다른 사람의 경험들이 나의 것이 될 것이다. 또한 최근 항공사에 대한 주요 이슈를 찾아보면서 공부하고, 관련 카페를 가입해서 정보를 탐색하고, 여러 기관에서 진행하는 취업 컨설팅 공개강좌에 참여하여 전문적인 지식을 획득하는 것도 좋은 방법이 된다. 기회는 언제든지 찾아올 수 있지만, 그 기회를 잡는 사람은 오직 준비된 사람뿐이라는 것을 꼭 명심하자.

마지막으로 합격을 위해서는 마인드 컨트롤이 중요하다. 항공사의 시험에서 단 한 번에 합격을 한 승무원은 실제로 많지 않을 것이다. 여러 번의 경험이 나를 표현하는 것에 도움이 되고, 이는 다음 면접 때 나만의 노하우가 되어서 나를 잘 표현할 수 있는 밑거름이 될 것이다. 그러나 지원자들은 채용 시 진행되는 긴 면접 일정에 불합격을 받게 되면, 스스로 심리적 박탈감을 받게 되고, '나는 자격이 없는 사람인가?'와 같은 부정적인 생각으로 다음 지원에 자신감을 상실하게 되는 경우가 많다. 합격에는 자신의 능력도 분명 필요하지만, 얼마나 자신을 잘 표현했는지에 대한 스킬과 면접 당일 자신의 컨디션도 중요한 역할을 하기에 좌절하지 말고 마인드 컨트롤을 통해 재도약을 할 수 있도록 노력해 보자.

참고문헌

곽지술(2016). 불통의 시대 곽기자가 말하는 소통(스피치 이론부터 활용까지). 서울: 크로바 출판사.

김미란(2005). 실용한국섬유표준색(KOSCOTE)을 이용한 퍼스널 컬러 진단도구 연구개발. 용인대학교 경영대학원 석사학위 논문.

김미진, ZhiYoung(2016). 프로 컨설턴트가 알려주는 퍼스널 컬러북. 경기: 에듀웨이.

김민수, 박혜윤(2011). 항공사 승무원 이미지 메이킹. 서울: 새로미출판사.

김민수, 최진영(2019). 서비스인들을 위한 이미지메이킹 실무. 서울: 새로미출판사.

김유진(2008). 향수제품 디자인을 위한 색과 향의 교차-양상 연상관계. 감성과학, 11(3), 427-439.

변지연, 이윤진(2019). 퍼스널 컬러 진단 및 결과에 대한 평가 특성에 관한 연구. 한국인체미용예술학회지, 20(4), 97-110.

석은경(2015). 뷰티 산업 육성을 위한 향수 브랜드 아이덴티티 연구 - 샤넬, 디올 향수에 대한 20대 여대생의 감성표현 태도 분석을 중심으로. Design Forum, 46, 161-170.

송서현, 유한나, 윤오선(2018). NCS기반 기본메이크업. 서울: 진샘미디어.

신비아(2020). 신비아의 신비한 MAKEUP. 서울: 전원문화사.

엄경아, 이향정, 연지영(2016). 서비스인을 위한 이미지메이킹. 서울: 지식인출판사.

오정민, 강정민, 김새롬, 윤영집(2020). 고객응대 서비스 실무. 서울: 한올출판사.

이인경(2019). 인파워 & 서비스이미지메이킹. 경기: 백산출판사.

임은진, 안채리(2020). 20대 여성의 메이크업 행동과 대인관계 및 심리적 안녕감 간의 관계. 대한미용학회지, 16(2), 167-175.

최승리, 이지은, 이정화(2017). 승무원 이미지 메이킹. 서울: 한올출판사.

한수정, 우소연(2020). 셀프 비즈니스 매너와 커뮤니케이션. 경기: 백산출판사.

Mehrabian. A. & Williams. M. (1969). Nonverbal concomitants of perceived and intended persuasiveness. Journal of Personality and Social Psychology.

Sundaram. D. S. & Webster. C. (2000). The Role of Nonverbal Communication in Service Encounters. Journal of Services Marketing.

대한항공(www.koreanair.com). 대한항공 객실승무원 국제선 기내방송문. 메이크업포에버 코리아 공식 홈페이지(www.makeupforever.com/kr/ko).

찾아보기

저자 소개

문희정

경희대학교 일반대학원 관광학박사
한양대학교 국제관광대학원 관광학석사
현) 장안대학교 항공관광과 조교수
한국골프학회 편집위원
전) 두원공과대학교 항공서비스과 조교수
한국관광레저학회 대학생학술위원회 부위원장
㈜대한항공 객실승무부 국제선 승무원

김민경

경희대학교 일반대학원 호텔경영학과 박사 과정
서강대학교 경영전문대학원 경영학석사
현) 용인송담대학교 항공서비스과 조교수
한국스포츠융복합정보학회 상임이사
전) 대림대학교 항공서비스과 겸임교수
연성대학교 관광과 외래교수
㈜대한항공 객실승무부 국제선승무원

정보라

한양대학교 국제관광대학원 관광호텔경영학 석사 과정
현) 아세아항공직업전문학교 외래교수
'플라잇모드' youtube 채널 운영
전) 한국외식음료협회 전문위원
아세아항공직업전문학교 항공운항계열 전임교수
㈜대한항공 객실승무부 국제선승무원

객실승무원의 이미지메이킹

1판 1쇄 인쇄 2021년 6월 21일
1판 1쇄 발행 2021년 6월 25일

저 자 - 문희정 김민경 정보라
발 행 인 - 강철원
발 행 처 - 양성원
주 소 - 경기도 파주시 검산로 173번길 29-20
전 화 - 031-946-3861(代)
팩 스 - 031-946-3864
이 메 일 - tnwpub@naver.com
홈페이지 - tnwpub.co.kr
출판등록 - 2015년 8월 31일 제 2015-000211 호

ISBN 979-11-6126-360-1

정가 20,000원